KB152697

입만 열면 손해 보는
사람들을 위한 대화책

입만 열면 손해 보는 사람들을 위한 대화책

오해가 사라지고
관계가 쉬워지는
기적의 말센스

호시 와타루 지음 ― 김지윤 옮김

TORNADO
토네이도

일러두기

1. 이 책에 등장하는 주요 인명, 지명, 기관명 등은 국립국어원 외래어 표기법을
   따르되 일부는 관례에 따라 소리 나는 대로 표기했다. 원문은 인명과 설명이
   필요한 개념의 경우에만 본문 내 최초 등장에 한해 병기했다.
2. 단행본은 《 》, 논문, 언론매체, 영화 등은 〈 〉으로 표기했다.

부드러운 말로 상대를 설득하지 못하는 사람은
위엄 있는 말로도 설득하지 못한다.

_안톤 체호프 Anton Chekhov

인생이 술술 풀리는 말 공부

현대인의 가장 큰 고민, 인간관계

───── 드디어 당신과 만났군요. 무수히 많은 책 가운데 이 책을 선택해주셔서 감사합니다.

이 책에서 무엇을 배우고 싶은가요? 혹시 직장 생활을 비롯한 여러 인간관계에서 마찰을 겪고 있나요? 말이 매번 의도와 달리 전달되는 것 같아 답답하고 힘든가요? 평소 '왜 저 사람은 내 말을 들어주지 않을까?', '어째서 나를 이해해주지 않는 걸까?', '사실 나는 더 잘할 수 있는데…'라고 자주 생각하나요?

만약 한 번이라도 그런 경험이 있다면 제가 당신의 고민을 해결해드리려고 합니다. 지금부터 '인생이 술술 풀리는 말하기', 즉 '과학적으로 사람의 마음을 움직이는 방법'을 알려줄 겁니다. 이 책에 나오는 방법을 행동으로 옮긴다면 당신이 꿈꿔온 삶의 모습에 점차 가까워질 겁니다.

현대인의 고민 중 90퍼센트는 인간관계에 관한 것이라고 합니다. 회사, 연인, 가족, 친구, 지역 사회, SNS… 이 중 어느 영역에서도 아무런 문제가 없다고 자신할 사람은 아마 드물겠지요.

인간관계가 어려운 이유는 그 안에 나와 다른 사람이 존재하기 때문입니다. 이는 혼자서 어떻게 할 수 없는 문제입니다. 상대방을 위한다고 한 행동이 쓸데없는 참견이 될 때도 있고 멀리서 지켜보는 게 낫겠다고 판단해 거리를 뒀더니 무관심하다고 원망을 듣는 경우도 있습니다.

같은 일에 대한 감정과 가치관은 저마다 다릅니다. 한 사건을 바라보는 방식이나 생각 역시 제각각입니다. 그러니 갈등이 일어나는 게 당연한 일일지도 모릅니다. 그런데 어떤 상대라도 내 생각대로 움직이게 만드는 방법이 존재한다면 어떨까요?

사람의 마음을 움직이는 과학적인 방법

─────── 혹시 주위에 이런 사람이 있습니까?

- 항상 대화의 중심에 있고 누구나 그를 의지한다.
- "그 사람 말이니까 한 번 해보자"라고 할 만큼 모두가 그를 신뢰한다.
- 주변 사람의 도움으로 자신이 하고 싶은 일을 실현한다.
- 그와 대화하면 삶의 의욕이 생기고 긍정적인 방향으로 생각하게 된다.
- 누구에게나 특별 대우를 받는다.

이 책에 담긴 내용을 실천하면 당신도 이런 사람이 될 수 있습니다.

저는 '원할 때 원하는 곳에서 원하는 일을 하는 사람을 만들자'를 모토로, 개인 사업을 준비하는 사람은 물론 경영인, 변호사, 변리사, 아나운서, 모델, 연극배우, 운동선수, 디자이너 등 1만 명 넘는 사람을 코칭해왔습니다. 그리고 그중 대다수가 주변 사람들을 자기 편으로 만들어 꿈을 실현하거나 목표를 달성했습니다. 인생을 자신이 설계한 대로 변화시킨 것이지요.

제가 고객들에게 알려준 것은 심리학과 뇌과학에 근거를 둔 사람의 마음을 움직이는 대화법입니다. 저는 이를 오랫동안 연구해왔으며 이 대화법은 나 자신뿐만 아니라 나와 대화하는 상대방의 인생까지 바꿀 수 있습니다.

자세한 내용은 앞으로 설명하겠지만 인간은 누군가가 논리적으로 아무리 타당한 말을 하더라도 감정이 그에 동의하지 않으면 진심으로 받아들이지 못합니다. 따라서 이 책의 대화법을 터득하려면 먼저 사람의 마음을 움직이는 세 가지 조건을 이해해야 합니다.

① 사람들이 '이 사람의 이야기는 들을 가치가 있다'고 생각할 만하게 행동한다.
② 안심감을 준다.
③ 상대의 자기중요감(승인 욕구)을 채워준다.

이와 더불어 당신이 전달하고자 하는 조언이나 지시를 상대가 스스로 깨달았다고 착각하게 만드는 것 역시 중요합니다.

이 책은 단순히 "자기 생각을 이런 식으로 전달하면 좋습니다" 하는 수준의 이야기를 하지 않습니다. 1만 명 이상이 실천해 확실하게 효과를 본 말하기 방법을 누구나 따라 하기 쉽게 소개하려고 합니다. 또 다양한 대화 예시와 자신의 대화 습관을 돌아볼 수 있는 질문도 담았습니다.

우선 제1부에서는 과학적으로 사람의 마음을 움직이는 방법을 주제로 방금 이야기한 세 가지 조건을 구체적으로 살펴봅니다. 이 장을 통해 대화를 하는 데 필요한 인간의 감정 및 욕구의 메커니즘을 이해할 수 있게 될 겁니다.

제2부에서는 인간관계의 온갖 고민이 사라지는 말하기 방법에 대해 구체적인 사례를 들어 설명합니다. 남의 험담을 하지 않는 게 좋은 이유와 '호의의 반보성'이라는 원리를 대화에 100퍼센트 활용하는 방법 등을 담았습니다.

제3부에서는 자연스럽게 내 편이 생기고 모두가 나에게 호감을 느끼게 하는 대화법을 소개합니다. 상대의 실수를 성장의 계기로 바꾸는 대화술, 인생을 발전시키는 '포지티브 가십핑'의 원리 등 뇌과학과 심리학에 근거를 둔 체계적인 말하기 방법을 알려드리

려고 합니다. 직장 동료, 자녀, 부부나 연인, 고객 등 다양한 상대에게 활용할 수 있는 대화 기술입니다.

제4부에서는 나의 말을 상대가 거부감 없이 받아들이게 만드는 구체적인 방법을 설명합니다. '부정하지 않는다', '스스로 깨닫게 한다', '정답을 말하지 않는다', '바로잡지 않는다' 등 간단하지만 효과가 좋은 다양한 대화 원칙을 담았습니다.

제5부에서는 말하는 사람은 물론 듣는 사람의 인생까지 바꾸는 대화법을 다룹니다. 지금까지 1만 명 이상에게 전수한 말하기 비결의 핵심을 공개합니다. 그야말로 기적의 대화술이지요.

이 책을 읽으면 어떻게 될까?

———— 이 책에 나오는 대화법은 아무리 낯을 가리고 말주변이 없는 사람이라도 쉽게 따라 해 효과를 볼 수 있습니다. 주변 사람을 자신의 편에 서게 할 뿐만 아니라 그들이 나를 위해 스스로 움직이게 만들어줍니다. 거짓말 같다고요? 이 책에 나와 있는 방법을 통해 실제로 인생이 달라진 사람들이 아주 많습니다. 여기

서 그 일부를 소개하겠습니다.

"부부 사이가 좋지 않고 육아 고민도 많아서 이혼까지 생각하던 중 큰마음을 먹고 이 책의 저자가 하는 강의를 들어봤습니다. 강의에서 배운 내용을 실천했더니 놀라움의 연속이었습니다. 지금까지 제 말을 듣지 않았던 아이들이 스스로 제가 원하는 대로 생각하고 행동했습니다. 게다가 남편과의 소통도 수월해져 고통에서 해방됐습니다. 행복합니다."

_40대 주부

"저는 회사원입니다. 직장 상사는 항상 매출 목표를 채우라고 압박했고 부하 직원은 업무 환경을 개선해달라고 요구했습니다. 스트레스 때문에 결국 우울증에 걸려 요양을 하게 됐습니다. 그러던 중 서점에서 저자의 책을 보고 곧바로 상담을 신청했습니다. 그리고 사람의 마음을 움직이는 의사소통 방법을 배웠습니다. 직장에서 이 가르침을 실천했더니 시키지 않아도 부하 직원이 솔선해서 움직였고 상사가 저를 더욱 신뢰했습니다. 그 결과 전에 없던 성과를 낼 수 있었습니다. 영업과 설득도 잘하게 돼서 중요한 계약을 따냈습니다. 일하는 게 즐거워졌습니다. 선생님께 정말로 감사합니다."

_30대 회사원

"저는 사람들과 대화하는 데 서툴고 낯가림이 심해 초면이거나 친하지 않은 사람과 있으면 어색한 침묵이 흐를까 봐 두려워했습니다. 늘 제 진심이 다른 사람들에게 제대로 전달되지 않는 것 같아 답답했습니다. 하지만 이 책의 저자와 만나 말하기의 본질을 배울 기회를 얻었습니다. 이 책에 나오는 언제든 적절한 질문을 하는 방법, 다른 의견을 가진 사람과 원활하게 소통하게 해주는 마법의 말 덕분에 지금은 어떤 상대와도 스스럼없이 대화할 수 있게 됐습니다. 그리고 저는 현재 내가 원하는 시간에 원하는 장소에서 원하는 일을 하며 살아가고 있습니다."

_30대 경영인

대화를 통해 사람의 마음을 움직일 수 있게 되면 얼마나 근사한 미래를 손에 넣을 수 있는지 깨달았나요? 이런 후기는 극히 일

부에 불과합니다. 이 책의 대화술을 배우면 그야말로 인생이 술술 풀리게 될 겁니다.

한 번에 모든 것을 바꿀 필요는 없습니다. 오늘부터 천천히 말 공부를 시작해봅시다. 새로운 인생이 시작될 겁니다. 이제 그 첫걸음을 함께 내디뎌봅시다.

| 목차 |

제1부　**사람의 마음을 움직이는 세 가지 조건**

제2부　**상대를 안심시키면 관계가 매끄러워진다**

제1부

사람의 마음을
움직이는
세 가지 조건

사람의 마음을 움직이는 법칙, 커뮤니케이션 기술은 존재합니다. 하지만 이는 평소 행동이 설득력을 발휘할 때 비로소 성립됩니다. 즉, 이 사람이 하는 말은 들을 가치가 있다고 생각할 만한 언동을 꾸준히 해야 누군가의 마음을 움직일 수 있습니다. 화려한 의사소통 기술을 가지고 있더라도 사람들이 당신의 말을 듣지 않으면 아무런 소용이 없을 테니까요.

제1장

이 책을
읽기에 앞서

나의 대화 기술을 측정해보자

━━━━ 본격적으로 이야기를 시작하기에 앞서 당신의 대화 기술을 측정해볼 수 있는 테스트를 준비했습니다. 다음 질문에 '네' 또는 '아니요'로 답해봅시다.

Q. 당신의 대화 기술을 측정해보세요.

1. 내가 조언을 하면 사람들이 잘 받아들이고 따른다.

☐ 네   ☐ 아니요

2. 상대방 이야기가 끝나기 전에 내 의견을 말하지 않는다.

☐ 네   ☐ 아니요

3. 설령 나에게 불이익이 생기더라도 크게 화내지 않는다.

☐ 네   ☐ 아니요

4. 다른 사람의 이야기를 들으면서 팔짱을 끼거나 다리를 꼬지 않는다.

☐ 네   ☐ 아니요

5. 한 번이라도 만난 적이 있는 사람의 이름은 반드시 기억한다.

☐ 네   ☐ 아니요

6. 주위 사람에게 '당신에게는 뭐든 털어놓게 된다'는 말을 들은 적이 있다.

☐ 네   ☐ 아니요

7. 상대방의 이야기를 듣고 진심이 담긴 반응을 보여주는 것이 중요하다고 생각한다.

☐ 네   ☐ 아니요

8. 명절, 생일 등 기념일에 지인들에게 선물을 보낸다.

☐ 네   ☐ 아니요

9. 최근 다른 사람의 미담을 퍼트린 적이 있다.

☐ 네   ☐ 아니요

10. 조언할 때는 상황을 적확하게 파악해서 세심하게 이야기한다.

☐ 네   ☐ 아니요

몇 가지 항목에 '네'라고 답했나요? 이는 인생을 마음먹은 대로 풀어가는 데 있어 중요한 역할을 하는 대화 방법에 관한 질문들입니다.

의사소통에 능한 사람들은 이 열 가지 질문에 뭐라고 답할까요? 혹시 전부 다 '네'라고 답해야 한다고 생각한다면 아쉽지만 틀렸습니다. 한 가지 질문에는 '아니요'라고 답해야 합니다. 그 질문은 바로 맨 마지막, '조언할 때는 상황을 적확하게 파악해서 세심하게 이야기한다'입니다.

왜 그렇게 해서는 안 될까요? 이런 행동을 하면 당장은 좋을 수도 있습니다. 하지만 이를 계속하다가는 매번 불만을 늘어놓는 상대방에게 얽매여 스트레스를 받고 꿈꿔온 인생을 살 수 없게 됩니다. 모든 사람들의 이야기를 귀 기울여 듣고 세심하게 조언을 하려고 하기보다는 아무 말 하지 않아도 상대가 스스로 해답을 깨닫도록 상황을 연출하는 게 더 효과적인 의사소통 방법입니다. 이제부터 이 열 가지 질문을 바탕으로 과학적으로 사람의 마음을 움직이는 비결을 알아보겠습니다.

명확한 동기가 변화를 만든다

저는 이 책에서 단순히 화술에 관한 노하우만 전달할 생각은 없습니다. 당신이 한 권의 책을 읽기 위해 얼마나 귀중한 돈과 시간을 투자하고 있는지 잘 알기 때문입니다. 이 책을 끝까지 읽었을 때 '아, 그렇구나' 하는 감상에 그치는 게 아니라 당신의 하루는 물론 인생이 바뀌길 바랍니다.

그러려면 우선 몇 가지 기초 지식을 정리해야 합니다. 이를 통해 인간의 심리를 이해해야 비로소 이 책의 내용이 종이에 머무는 지식이 아닌 일상을 변화시키는 무기가 될 겁니다.

저는 지금까지 경영인, 사업가, 의사, 운동선수, 음악가, 대기업 엘리트 사원, 아나운서, 배우, 승무원, 변호사, 세무사, 정치인 등 다양한 직업을 가진 사람들을 상담해왔습니다. 그리고 제 연구 모임과 강연회에는 지금까지 1만 명 넘는 사람들이 참가했습니다. 개인 상담에서든 강연에서든 교육을 시작하기 전에 저는 누구에게나 이런 질문을 먼저 던집니다.

"왜 그걸 알고 싶으세요?"
"왜 그 일을 실현하고 싶으세요?"

이 질문을 하는 이유는 단순히 정보를 전달하는 데 그치지 않고 그들의 일상에 변화를 일으키기 위해서입니다. 당연한 말이지만 아무리 좋은 방법을 가르쳐줘도 듣는 사람이 그걸 따라 하지 않으면 아무것도 변하지 않습니다. 그리고 일상을 넘어 인생을 바꾸기 위해서는 한 번이 아니라 계속 실천하게 만들어야 합니다.

이 책의 조언을 따라 한 즉시 놀라운 변화가 일어나는 경우가 있는가 하면 생각만큼 대화가 잘 풀리지 않는 경우도 있을 겁니다. 그런데 결과가 좋지 않았다고 해서 바로 실천을 그만두면 아무것도 바꾸지 못한 채 현재에 머무르게 되겠지요. 그러니 우선 스스로에게 '왜 대화 기술을 연마하고 싶은가?', '왜 변화하고 싶은가?' 그리고 '왜 이 책을 손에 들었는가?'를 물어보세요. 좋은 습관을 만드는 것의 성공 여부는 이유를 구체화하는 데 달려 있습니다.

당신은 왜 이 책을 선택했나요? 회사에서 큰 성과를 내고 평가를 높게 받고 싶어서, 성격이 안 맞는 상사를 내 편으로 만들고 싶어서, 직장에서 좋은 관계를 유지하고 싶어서, 팀원이나 후배를 능숙하게 컨트롤하고 싶어서, 인재를 육성하고 싶어서, 좋아하는 이성의 관심을 받고 싶어서, 인기가 많아지고 싶어서… 다양한 이유가 있을 겁니다. 무엇이든 상관없습니다. 이 책을 선택한 계기를 명확히 떠올리면 변화가 찾아올 겁니다. 지금 여기서 이 책을 읽는 이유를 적어보세요.

Q. 당신은 왜 이 책을 선택했습니까?

_____

_____

_____

_____

_____

_____

어떻게 변화할지 상상해보자

========== 이 책을 읽기로 결심한 이유를 알아봤다면 이제 이 책에서 알려주는 사람의 마음을 움직이는 대화 방법을 어떤 상황에서 사용할지 생각해봅시다.

타인에게 무언가를 얻어내야 하는 상황에 처했을 때 '그 사람이 이렇게 움직여주면 좋을 텐데' 혹은 '좀 더 협조적으로 나오면 좋을 텐데'라고 생각한 적 있나요? 이때 상대를 만나기 전에 미리 자신이 원하는 바를 명확하게 정리해두면 더 효과적으로 커뮤니케이션을 할 수 있습니다. 마찬가지로 이 책을 계속 읽기 전에 이 책에 나오는 대화법을 어떻게 활용할지 미리 생각해봅시다.

사람의 마음을 움직이는 과학적인 대화법을 어떤 상황에서 누구에게 활용하고 싶나요? 남의 의견을 전혀 받아들이지 않는 고집스러운 상사가 내 이야기를 들어줬으면, 집안일을 전혀 하지 않는 남편이 협조적으로 바뀌었으면, 좀처럼 공부를 하지 않는 아이가 스스로 공부하게 됐으면, 소개팅에서 호감을 느낀 상대가 나를 마음에 들어했으면, 심드렁한 부하 직원이 의욕을 가지고 성과를 내게 됐으면… 각자 다양한 바람이 있을 겁니다. 어떤 상황이

든 상관없습니다. 이 책의 대화 기술을 활용하고 싶은 상황과 원하는 결과를 적어봅시다.

① 왜 이 책을 선택했습니까?
② 이 책의 내용을 구체적으로 어떤 상황에서 누구에게 활용하고 싶습니까?

이 두 질문에 대한 답이 명확해졌다면 80퍼센트는 완료된 셈입니다. 나머지 20퍼센트는 주저하지 않고 곧바로 실천하는 데 달려있습니다. 그럼 이제 사람의 마음이 움직이는 메커니즘에 관해 구체적으로 이야기해보겠습니다.

Q. 사람의 마음을 움직이는 대화법을 어떤 상황에서 누구에게 활용하고 싶습니까? 그 결과 상대가 어떻게 변하기를 원합니까?

행동거지를 정돈하면 영향력이 커진다

━━━━━ "사람의 마음을 움직이는 대화의 기술이나 법칙이 있
나요?"라는 질문을 받으면 저는 '있다'고 답합니다. 지금까지 저
는 경영인, 사업가, 대기업 임원 등 많은 사람에게 영향력을 행사
하는 자리에 있는 고객들을 가르쳐왔습니다. 그 경험에 비춰봤을
때 주위 사람들이 당신 말에 귀를 기울이고 당신을 진심으로 신
뢰하게 만드는 커뮤니케이션 방법은 확실하게 몇 가지 정해져 있
습니다.

이 대화 기술을 사용하면 껄끄러운 대화도 대부분 쉽게 흘러갑
니다. 하지만 같은 방법을 써먹었는데 상대의 마음을 전혀 움직이
지 못하는 경우도 종종 있습니다. 왜 그런 걸까요? 이 질문에 대
한 답을 알고 싶다면 누군가의 조언을 따르고 싶어지는 감정의 근
본적인 구조를 먼저 이해해야 합니다.

천천히 생각해봅시다. 혹시 주변에 '이 사람의 말은 꼭 들어야
한다'고 생각하게 되는 사람이 있나요? 그 사람은 어떤 사람인가
요? 그 사람의 특징 다섯 가지를 나열해봅시다.

- _____
- _____
- _____
- _____
- _____

어떤 특징이 떠올랐나요? 정직한 사람, 행동력이 있는 사람, 실수를 책임지는 사람, 남의 험담을 하지 않는 사람, 배려심이 있는 사람, 우유부단하지 않은 사람, 약속을 지키는 사람, 거짓말을 하지 않는 사람, 자신의 잘못을 솔직하게 인정하고 사과할 줄 아는 사람 등 다양한 사례가 생각났을 겁니다.

여기서 한 가지 질문을 더 해보겠습니다. 방금 생각한 다섯 가지 특징을 당신은 충족하고 있나요? 충족하고 있으니 충분하다거나 충족하지 못했으니 잘못됐다는 말을 하려는 것이 아닙니다. 누군가의 마음을 움직이려면 커뮤니케이션을 하는 방식 자체에만 초점을 맞출 게 아니라 평소 모습부터 청자에게 신뢰감을 심어줘야 합니다.

사람의 마음을 움직이는 비결, 커뮤니케이션 기술은 존재합니다. 하지만 이는 평소 행동이 믿음직할 때 비로소 효과를 발휘합니다. 즉, 이 사람이 하는 말은 들을 가치가 있다고 생각할 만한 언동을 꾸준히 해야 누군가의 마음을 움직일 수 있습니다. 화려한 의사소통 스킬을 가지고 있더라도 사람들이 당신의 말에 관심이 없으면 써먹을 수 없을 테니까요.

어떻게 하면 다른 사람에게 신뢰를 줄 수 있을까요? 그 방법은 바로 항상 같은 모습을 보여주는 겁니다. 아무리 긍정적으로 평가받는 행동이라도 딱 한 번에 그치면 큰 영향력을 발휘하지 못합니다.

평소 품행을 일관적으로 유지하는 것은 좋은 인상을 구축하는 데 상상 이상으로 큰 효과가 있습니다. 예컨대 캐나다 윌프리드로리에대학교의 연구에 따르면 어느 친구 그룹에게 발언과 행동에 일관성을 지키라고 지시했더니 그룹 내 친밀도와 신뢰도가 높아졌다는 결과가 나왔습니다. 반대로 원래 사이가 좋은 친구 그룹의 한 구성원에게 일관성 없는 발언이나 행동을 하게 했더니 다른 구성원들에게 반감을 불러일으켜 그에 대한 호감도가 떨어졌습니다.

인생이 술술 풀리는 대화를 하기 위해 평상시 언동을 돌아봅시다. 그리고 스스로 개선하고 싶은 부분을 한 번 적어봅시다. 다음과 같이 말입니다.

- 습관적으로 남의 말을 부정하기 바빴는데 이제부터는 일단 경청하겠다.
- 평소 약속 시간을 잘 지키지 못했는데 이제부터는 공적으로나 사적으로나 반드시 시간을 지키겠다.
- 지금까지는 소극적으로 행동해왔지만 이제부터는 뭐든 먼저 나서서 도전하겠다.

변화하고 싶은 부분을 적을 때는 '나는 ○○한 면이 있는데 그 부분을 △△하게 바꾸겠다'고 최대한 구체적으로 써보길 바랍니다. '나는 남이 이야기를 하고 있을 때 끼어들어서 내 의견을 말하곤 하는데 앞으로는 남의 말을 끝까지 듣겠다'는 식으로 말입니다.

Q. 지금보다 주변 사람들이 내 말에 귀를 기울이게 하려면

나의 어떤 부분을 바꿔야 할까요?

제2장

사람의 마음이
움직이는 원리

인간은 감정을 따른다

========= 사람의 마음이 움직이는 원리를 이해하고 의사소통 방법을 바꾸면 인생이 마음먹은 대로 술술 풀립니다. 그 전에 먼저 알아둬야 할 것이 있습니다. 그것은 바로 인간은 감정에 따라 행동한다는 사실입니다.

모두들 한 번쯤 이런 상황에 처해봤을 겁니다. 상대방이 분명 옳은 말을 하고 있는데 감정적으로는 납득할 수 없다거나 너무 화가 나서 상대방이 하는 말을 순순히 인정할 수 없는 경우 말이지요. 저 역시 비슷한 경험을 한 적이 있습니다. 인간은 아무리 논리적으로 합당한 말을 들어도 감정이 동의하지 않으면 진심으로 받아들이지 못합니다.

우리는 기쁨, 슬픔, 공포, 외로움, 즐거움 등 다양한 감정을 가지고 있습니다. 동시에 '이런 감정을 느끼고 싶다', '이런 감정을 해소하고 싶다'는 욕구를 가지고 있습니다. 그렇기 때문에 자신이 원하는 감정을 얻을 수 있는 장소에 가거나 그 감정을 사라지게 해주는 사람 곁으로 모여듭니다. 감정과 관련된 욕구를 충족시키는 행동을 하는 것이지요.

따라서 사람의 마음을 움직이고 싶다면 감정과 욕구의 관계를 반드시 이해해야 합니다. 많은 사람이 느끼고 싶어 하는 감정을 충족시켜주면 당신 곁으로 자연스럽게 사람들이 모이고 인기와 영향력을 얻게 될 겁니다.

인간의 다섯 가지 욕구

━━━━━━ 그렇다면 우리 인간은 어떤 욕구를 가지고 있을까요? 미국의 심리학자 에이브러햄 매슬로Abraham H. Maslow 는 "인간은 자아실현을 위해 끊임없이 성장한다"고 말했습니다. 그는 인간의 욕구가 다섯 개로 나뉘어 있다고 주장했는데, 이를 '인간 욕구 5단계설'이라고 부릅니다.

첫 번째는 '생리적 욕구'입니다. 이는 생존에 꼭 필요한 욕구입니다. 예를 들어 '배가 고프니 밥을 먹고 싶다', '졸리니 자고 싶다', '목이 마르니 물을 마시고 싶다' 등 살아가는 데 필요한 요소들을 충족시키고자 하는 욕구입니다.

두 번째는 '안전의 욕구'입니다. 생리적 욕구가 충족되면 인간은 안전에 대해 생각합니다. '나에게 위험이 닥치지 않을까?', '누군가에게 공격당하지 않을까?' 하고 염려하는 겁니다. 여기서 안전이라고 하면 보통 비바람을 피할 집을 확보하는 것처럼 신체적인 안전을 떠올릴 겁니다. 하지만 말로 다른 사람의 마음을 움직이려면 마음의 안전에도 주목해야 합니다. 마음을 안전하게 보호한다는 것은 정신적으로 상처를 받지 않는다는 뜻입니다.

안전의 욕구란 보호받고 싶고 안심하고 싶다는 생각과 관련된 모든 욕구를 뜻합니다. 따라서 설령 비바람을 피할 안락한 집에 살고 있다 하더라도 매일같이 직장에서 괴롭힘을 당하거나 SNS에서 악성 댓글에 시달린다면 완벽하게 안전하다고 느낄 수 없습니다. 반대로 마음의 안전이 충족됐더라도 집이 없다면 몸의 안전은 충족되지 못합니다. 즉, 안전의 욕구를 완전히 채우려면 몸과 마음의 안전을 모두 확보해야 합니다.

생명을 유지하기 위해 필요한 생리적 욕구와 몸과 마음의 안전을 확보하고자 하는 안전의 욕구가 충족된 인간은 무엇을 채우고 싶어 할까요? 바로 '애정과 소속의 욕구'입니다. 이는 '누군가와 함께 있고 싶다', '남들과 관계를 맺고 싶다', '어떤 일을 함께하고 싶다'는 욕구를 말합니다.

지금까지 설명한 욕구를 알기 쉽게 설명하기 위해 한 가지 예를 들어보겠습니다. 당신은 회사 기숙사에 살고 있습니다. 아침에 일어나 평소처럼 출근했는데 사장에게 "내일부터 나오지 말게"라고 갑작스러운 해고 통보를 받았습니다. 게다가 "자네는 오늘부로 해고니까 기숙사에 있는 짐도 모두 처분할 걸세"라는 말까지 들었습니다. 저축한 돈도 없어 지갑에는 달랑 1만 원짜리 한 장만 있습니다. 이런 상황에서 남은 돈을 어떻게 사용할까요?

아마 당분간 먹을 식량을 확보해야 한다는 생각이 제일 먼저 떠오를 겁니다. 이것은 생리적 욕구에 해당하는 부분입니다. 다행히 당신은 근처 빵집에서 남은 빵을 떨이로 살 수 있었습니다.

다음으로는 안심하고 잘 수 있는 장소를 확보하려고 할 겁니다. 이는 안전의 욕구입니다. 그런데 잘 수만 있다면 어디든 괜찮을까요? 그렇지는 않을 거예요. 몸과 마음의 안전 모두가 충족되는 장소를 바라겠지요. 아무리 지붕이 있더라도 누군가에게 습격을 당할지 모르는 야외 텐트 같은 공간은 원하지 않을 겁니다.

결국 당신은 우여곡절 끝에 지금까지 살던 마을을 떠나 먼 곳으로 이사했습니다. 안전을 보장받을 수 있는 집을 확보하고 새로운 직장도 구했습니다. 아는 사람이 한 명도 없는 마을에 있다 보

그림1. 매슬로의 인간 욕구 5단계설

- 생리적 욕구: 생명을 유지하고 싶다는 생각

- 안전의 욕구: 안전하게 나를 지키고 싶다는 생각

- 애정과 소속의 욕구: 타인과 관계를 맺고 싶다 또는 집단에
  소속되고 싶다는 생각

- 존중의 욕구: 나 자신을 괜찮은 사람으로 인정하고 싶다 또
  는 남에게 내 가치를 인정받고 싶다는 생각

- 자아실현의 욕구: 능력을 발휘해서 창조적인 활동을 하고
  싶다는 생각

니 시간이 지날수록 '친구나 연인이 있었으면 좋겠다'는 생각을 하게 됐습니다. 누군가와 관계를 맺고 싶어진 것이지요. 이것이 애정과 소속의 욕구입니다.

애정과 소속의 욕구 다음에 기다리고 있는 것이 바로 '존중의 욕구'입니다. '새로 만난 사람들에게 나의 존재 가치를 인정받고 싶다', '사람들이 나를 괜찮은 사람이라고 생각했으면 좋겠다'와 더불어 스스로를 훌륭한 사람으로 여기고 싶은 감정입니다.

주변 사람들에게 인정을 받아 존중의 욕구가 채워지면 '꿈을 이루고 싶다', '내가 가진 능력을 발휘해서 창조적인 활동을 하고 싶다'고 생각하게 됩니다. 이것이 가장 꼭대기에 있는 '자아실현의 욕구'입니다.

인간은 무엇에 반응하는가

▬▬▬▬▬ 지금까지 '사람은 무엇 때문에 움직이는가'에 관한 이야기를 했습니다. 이쯤에서 이야기를 조금 되돌려봅시다. 사람은 무엇에 반응해서 움직일까요?

그렇습니다. 바로 감정입니다. 감정은 우리의 욕구와 밀접하게 이어져 있습니다. 어떤 욕구를 채우고 싶다는 감정은 사람을 움직입니다. 그 욕구가 충족되는 장소, 욕구를 충족시켜주는 사람을 찾아 나서지요. 따라서 많은 사람의 욕구를 채워주는 존재가 되면 주위에 자연스레 사람들이 모이게 됩니다. 그리고 사람은 자신의 욕구를 충족시켜주는 사람의 말에 귀를 기울이기 때문에 자연스레 영향력을 가지게 됩니다.

이 책에서 우리는 사람의 마음을 움직이는 말하기 방법을 살펴보고 있습니다. 그렇다면 인간의 다섯 가지 욕구 중 커뮤니케이션으로 채울 수 있는 욕구는 무엇일까요? 자아실현의 욕구는 특정한 존재가 되고 싶다고 느끼는 감정이기 때문에 의사소통과 큰 상관이 없습니다. 생리적 욕구 역시 배고프다, 졸리다 같은 본능적인 욕구이기 때문에 크게 연관성이 없어 보입니다.

그렇다면 안전의 욕구는 어떨까요? 앞서 안전에는 몸의 안전과 마음의 안전이 있다고 언급했습니다. 몸의 안전은 소통과 상관이 없습니다. 하지만 마음의 안전은 다른 사람의 말투, 태도, 대화로 충족시킬 수 있습니다.

애정과 소속의 욕구는 아무나하고 이야기한다고 충족되는 것이 아닙니다. 우리는 보통 친해지고 싶다는 생각이 드는 사람과 관계를 구축하려고 합니다. 따라서 이 욕구를 이용하려면 친해지고 싶은 사람이라는 인상을 줘야 합니다. 이때 의사소통 방식이나 말투는 큰 영향을 줍니다.

친해지고 싶은 사람이란 어떤 사람일까요? 안전한 사람이겠지요. 극단적인 예를 들자면 만날 때마다 매번 나를 협박하는 사람과 인연을 맺고 싶은 사람은 없습니다. 따라서 안전의 욕구와 애정과 소속의 욕구는 모두 안심하고 싶다는 생각, 즉 안심감과 관련이 있다고 볼 수 있습니다.

존중의 욕구는 누군가에게 인정을 받는 것과 관련된 욕구입니다. 내가 가치 있는 존재라는 것을 확인하려는 마음, 즉 자기중요감을 느끼려는 욕구지요. 따라서 이 역시 소통으로 상당 부분을 충족시킬 수 있습니다. 나아가 상대방의 자기중요감에 상처를 입히면 반발심과 반항심을 일으킬 수 있습니다.

정리해보자면 대화로 채울 수 있는 인간의 욕구는 총 세 가지가 있습니다. 안전의 욕구, 애정과 소속의 욕구, 존중의 욕구가 그것이지요. 이 중 안전의 욕구, 애정과 소속의 욕구는 안심감과 관련이 있으며 존중의 욕구는 자기중요감과 관련이 있습니다.

이제 사람의 마음을 움직이는 대화법을 터득하기 위해 집중해야 할 키워드가 보이지 않나요? 바로 안심감과 자기중요감입니다. 인간은 타인과의 관계를 통해 이 두 가지를 느끼고 싶어 합니다. 또 이를 잃고 싶지 않아 합니다. 상처받기를 두려워하는 것이지요. 매일 만나는 사람에게 안심감과 자기중요감을 느끼게 해주면 상대를 원하는 대로 행동하게 만들 수 있습니다. 자, 이제 이 두 가지 요소를 어떻게 활용할지 구체적으로 살펴보겠습니다.

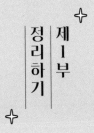

- 책을 읽기에 앞서 독서의 이유부터 명확히 하자.

- 사람들에게 내가 이야기를 들을 만한 가치가 있는 사람임을 인식시켜야 한다. 그리고 이런 인식은 평소의 행동거지에서 생겨난다.

- '이 사람 말은 들어야 한다'는 생각이 들게 만드는 사람의 특징 다섯 가지를 생각해보고 실천하자.

- 사람의 마음을 움직이는 가장 기본적인 요소는 안심감과 자기중요감이다.

- 우리는 본능적으로 안심감과 자기중요감을 인간관계에서 채우려고 하는 습성을 가지고 있다.

- 사람의 마음을 움직이는 세 가지 조건

  ① 평상시에 이야기를 들을 만한 가치가 있는 언동을 한다.

  ② 상대방에게 안심감을 준다.

  ③ 상대방의 자기중요감을 채워준다.

제2부

상대를 안심시키면
관계가
매끄러워진다

상대의 행동의 이유와 배경을 이해하려는 자세를 보이면 상대는 안심감을 느끼고 이전과는 다른 태도를 보일 겁니다. 사람의 마음을 움직이는 힘을 가지려면 아무리 좋지 못한 일, 잘못된 일을 저지른 사람에게도 그렇게 하게 된 나름의 이유가 있다는 점을 이해해야 합니다. 그래야 자기와 다른 의견을 가진 사람의 마음도 변화시킬 수 있습니다.

제3장

안심감을 부르는
말센스

안심감을 추구하는 인간의 본능

지금부터는 사람의 마음을 움직이는 과학적인 대화법 중 안심감을 채워주는 대화 기술을 설명해보겠습니다.

인간은 오래전부터 안심감을 채우기 위해 노력해왔습니다. 조금 과장하면 인류는 안심감을 따라 진화했다고도 할 수 있습니다. 안심감을 얻고 싶다는 생각은 우리의 DNA에 새겨져 있지요.

왜 그런 걸까요? 뇌는 죽지 않는 것, 즉 생존을 가장 중요하게 생각합니다. 안심감을 추구하는 이유도 살아남기 위해서입니다. 인간은 본능적으로 안심감을 주는 사람 곁으로 향합니다. 안심감을 주는 사람은 타인에게 신뢰를 받을 뿐 아니라 이성에게도 인기가 많습니다.

과거의 인류는 육체적인 안심감을 느끼는 걸 최우선 과제로 여겼습니다. 언제 공격을 받을지 모르는 환경에서 살아왔기 때문입니다. 하지만 요즘은 매머드에게 습격을 받거나 갑자기 적군에게 기습을 당할 일은 거의 없습니다.

그렇다면 현대인들이 바라는 안심감이란 구체적으로 어떤 것일까요? 정신적인 안심감, 즉 마음의 평안입니다. 마음의 평안이란

'여기에 있으면 편안하다', '이 사람과 대화를 하다 보면 진정된다', '이 사람이 곁에 있어주는 것만으로도 마음이 놓인다'와 같은 감정을 뜻합니다.

여기서 지금까지의 인생을 돌아보며 생각해봅시다. 당신은 주로 언제 안심감을 얻습니까? 어떤 상황에서 누구의 무슨 말을 듣고 안심감을 느꼈나요? 과거의 일이든 현재의 일이든 상관없습니다. 당신에게 안심감을 느끼게 하는 사람의 특징, 말투, 상황 등을 구체적으로 떠올려보세요.

Q. 당신은 어떤 상황에서 안심감을 얻습니까?
이야기를 나누면 안심되는 사람은 어떤 사람인가요?

무엇을 생각했나요? 어떤 답을 했든 가장 중요한 것은 '내가 그 특징과 조건을 충족하고 있느냐'입니다. 그렇다면 이제 안심감을 추구하는 본능을 활용한 대화 방법에 대해 자세히 알아보겠습니다.

절대 부정하지 마라

========= 사람들은 언제 안심감을 느끼지 못한다고 여길까요? 참고로 여기서 이야기하는 안심감은 정신적인 부분의 안심감을 뜻합니다. 주변에 혹시 이런 사람이 있는지 생각해봅시다.

- 무슨 의견을 제시하든 '그건 어려울 것 같다'며 부정적으로 반응하는 사람
- "에이, 그건 아니지" 하며 사사건건 반대하는 사람
- 나의 존재 자체를 부정하는 듯한 발언을 일삼는 사람

우리는 의사소통 중 나의 이야기가 틀렸다고 지적당하거나 제

안을 거절당하면 불안해합니다. 그로 인해 존재 자체를 부정당할까 봐 두려워하는 것이지요.

누구나 부정당하면 마음에 상처를 입습니다. 그리고 비슷한 상처를 받을 것 같은 일을 무의식적으로 회피하게 됩니다. 우리 뇌는 기억해야 하는 일과 잊어버려도 되는 일을 끊임없이 선별합니다. 뇌가 어떤 경험을 기억에 남길지 말지 판단하는 기준 중 하나는 강한 감정을 동반하느냐 그러지 않느냐입니다. 인간의 뇌는 강한 감정을 동반한 사건을 중요한 사건이라고 판단해 저장합니다. 이를 '정동적情動的 기억'이라고 합니다.

누군가에게 옳지 않다는 평가를 받으면 부정적인 감정이 생겨납니다. 그리고 뇌는 그 경험을 기억에 남기게 되지요. 만약 당신이 상대방의 말을 부정하면 그의 머릿속에 좋지 않은 인상을 심어주게 됩니다. '이 사람은 나를 부정하는 사람'이라는 식으로요. 따라서 누군가 당신에게 조언을 구하러 왔을 때 그를 탓하는 발언을 하면 그는 당신에게 다시 상담하러 오지 않을 겁니다. 또 상처받고 싶지 않기 때문이지요.

예를 들어 당신에게 부하 직원이 있다고 가정해봅시다. 당신이 그의 앞에서 남의 말을 부정하는 모습을 자주 보였다면 부하 직원은 상처받고 싶지 않은 마음 때문에 당신에게 자신의 실수를 제때 보고하지 않을 겁니다. 사태가 걷잡을 수 없이 커지고 나서야 어쩔 수 없이 당신에게 털어놓겠지요. 돌이킬 수 없는 최악의 상황에 빠지는 겁니다.

일상에서 사람들과 어떤 식으로 대화를 나누고 관계를 맺어나가나요? 어떤 상황에서든 절대 부정하는 모습을 보이지 않기로 시도해보세요. 사람들이 당신에 대해 '○○에게는 이야기해도 괜찮아. 내가 무슨 말을 하든 틀렸다고 단정하지 않으니까'라고 평가하게 만들어봅시다.

부정하지 않기를 실천하면 사람들은 당신을 안심감을 느끼게 만드는 사람으로 인식할 겁니다. '이 사람에게는 상담을 하거나 조언을 구해도 부정당할 일이 없다'는 생각 때문에 당신에게 이야기를 꺼내고 싶어지겠지요. 그러면 자연스럽게 당신에게 사람과 정보가 모입니다. 이처럼 영향력을 가지려면 먼저 사람들의 안심감을 충족시켜줘야 합니다.

여기서 한 가지 중요한 점이 있습니다. 부정하지 말라는 것이 꼭 상대의 의견에 모두 동의하라는 뜻이 아니라는 사실입니다. 자신의 주관을 지키되 '저 사람은 이런 생각을 하는구나' 하고 받아들이기만 하면 됩니다. 무조건 수긍하는 것이 아니라 입장을 이해하려는 자세를 보이는 것이지요.

상대의 말을 부정하지 않고 끝까지 경청하면 화자는 안심감을 느낍니다. 물론 상대방의 생각과는 다른 조언이나 지시를 해야 하는 상황도 있겠지요. 그때는 상대의 말을 끝까지 들은 다음에 이야기하면 됩니다. 안심감을 준 다음에 충고를 건네면 상대방도 자연스럽게 귀를 기울이기 마련이니까요.

첫마디부터 "그건 아니지", "뭐? 무슨 말도 안 되는 소리야" 등 부정하는 발언을 일삼는 사람은 안심감을 주기는커녕 미움만 살 수 있습니다. '하지만', '그래도', '뭐라고?' 등 역접의 의미가 담긴 말도 마찬가지입니다. 대화할 때는 부정하는 말을 지양하고 "그렇군요", "그렇게 생각하셨군요" 같은 반응을 먼저 보이길 바랍니다.

다른 의견을 가진 사람과 소통하는 방법

나는 당신을 부정하지 않는다는 것을 표현하는 효과적인 방법으로 '동조'가 있습니다. 여기서 말하는 동조란 상대의 의견에 100퍼센트 동의하고 그와 같은 의견을 말하는 것이 아닙니다. 물론 상대와 완전히 똑같이 생각한다면 그렇다고 표명하는 게 좋습니다. 하지만 일상에서 어떤 사람과 하나부터 열까지 모든 의견이 일치하는 경우는 드뭅니다.

누군가의 이야기가 내 생각과 다르더라도 '당신 의견은 틀렸다'고 말할 필요는 없습니다. 그러면 상대방에게 안심감을 줄 수 없습니다. 심지어 청자의 성향에 따라서는 그 말을 듣고 자신의 입지가 위태롭다고 느껴 당신을 공격할 수도 있습니다. 상처를 받아 당신과 거리를 두는 사람도 생길지 모릅니다.

그렇다면 나와 의견이 다른 사람에게 어떻게 동조하면 좋을까요? 상대의 의견에 찬성한다고 직접 이야기할 필요 없이 당신이 그렇게 생각한다는 걸 이해했다는 표현만 하면 됩니다.

극단적인 예를 하나 들어봅시다. '전쟁은 필요악'이라고 생각하는 사람에게는 어떻게 대처해야 할까요? 의외로 아주 간단합니다. '(내 생각은 차치하고) 당신이 그렇게 생각하고 있다는 걸 나도 알았다'는 사실만 전달하면 됩니다. 이렇게 말입니다.

"그렇군요. 전쟁이 필요악이라고 생각하시는군요?"

2010년, 프랑스의 경영대학원 인시아드에서 인간의 대화 방식과 친밀성에 관한 실험을 진행했습니다. 그들은 피실험자에게 딱 10분 동안 하고 싶은 이야기를 자유롭게 나누라고 했습니다. 이때 절반에게는 상대방 이야기의 마지막 두세 단어를 따라 하며 맞장구를 치도록 지시했습니다. 그 결과 맞장구를 친 그룹의 친밀도가 그러지 않은 그룹보다 높게 나왔습니다.

사람들은 대부분 자신과 다른 생각 혹은 자기 가치관으로는 수긍할 수 없는 의견을 들으면 곧바로 부정하려 합니다. 나와 다른 생각을 인정해버리면 내 생각이 틀린 것이 된다고 여기기 때문입니다. 그러면 안심감도 줄어들지요. 인간의 마음은 상대의 의견을 굴복시키고 자기 의견에 찬성하게 했을 때 안심감을 얻을 수 있는 구조로 돼 있습니다.

하지만 상대방이 어떤 생각을 가지게 된 배경에는 우리가 모르는 그 사람만의 경험이나 논리가 있습니다. 나와 다른 의견을 가진 사람에게 "그렇군요. ○○ 씨는 △△라고 생각하시는군요?"라고 말하면 '나는 당신의 말을 부정하려고 하는 게 아니다'라는 의도를 보여줄 수 있습니다. 나와 다른 가치관을 가지고 있거나 특별한 사정이 있는 사람과 소통할 때 상대방을 내 말에 귀를 기울이게 만들기 위해서는 우선 진심이 아니더라도 그를 이해하려는 자세를 취해야 합니다. 그래야 청자도 안심감을 얻고 자기 의견이나 행동을 개선하려는 당신의 말을 순순히 받아들이게 됩니다.

제4장

그 사람에게도
나름의 이유가 있다

이야기를 끝까지 듣기만 해도 인기가 많아진다

━━━━━━ 상대방에게 안심감을 느끼게 해줄 때 부정하지 않기와 함께 실행하면 효과적인 방법이 하나 있습니다. 이 방법은 누구나 중요한 걸 알면서도 쉽사리 실천하지 못하는 행동이기도 합니다. 바로 이야기를 끝까지 듣는 겁니다.

절대 부정하지 않기와 이야기를 끝까지 듣기, 이 두 가지를 지키면 누구나 상대방에게 안심감을 줄 수 있습니다. 그리고 이렇게 심어준 안심감은 신뢰와 호감으로 이어집니다.

이야기를 끝까지 듣는 것은 상대방을 내 조언대로 움직이도록 만드는 데 중요한 역할을 합니다. 당신의 제안을 순수한 의도로 받아들이고 따라 해서 성과를 내도록 만들어주지요. 사람은 일단 자신이 생각하고 있는 것을 말하지 않으면 타인의 생각을 납득하기 힘들어합니다. 새로운 조언을 듣고 싶어 하는 마음보다 '누군가가 내 이야기를 들어줬으면 좋겠다', '내 이야기를 하고 싶다'는 생각이 더 크기 때문입니다.

대화하는 상대가 나의 이야기를 끝까지 들어주지 않으면 안심감뿐만 아니라 뒤에서 살펴볼 자기중요감 역시 얻을 수 없습니다. 욕구가 채워지지 않은 상태이기 때문에 아무리 유용한 조언이어도 귀에 들어오지 않는 겁니다.

이 원리를 컵에 빗대 설명해보겠습니다. 당신에게 상담을 하러 오는 사람은 이미 마음의 컵 안에 물이 가득 찬 상태입니다. 쏟아낼 말이 많다는 뜻입니다. 컵의 용량은 상대가 남의 이야기를 받아들일 수 있는 양을 의미합니다. 누군가에게 조언을 건네는 것은 컵에 물을 붓는 것과 같습니다. 컵이 가득 차 있으면 거기에 조언이라는 물을 또 부어봤자 흘러넘치기만 할 뿐입니다.

따라서 컵에 물을 채우고 싶으면 우선 컵을 비워야 합니다. 즉, 상대의 이야기를 들어줘야 하지요. 이야기를 쏟아 버릴수록 컵은 비워집니다. 그리고 빈 공간이 늘어난 만큼 조언이라는 새로운 물을 담을 수 있습니다. 끝까지 이야기를 듣는 행동은 화자에게 안심감을 주고 자기중요감을 충족시켜줄 뿐 아니라 조언을 받아들일 준비까지 하게 합니다.

저 역시 일을 하면서 경영, 창업, 이직, 연애, 육아, 부부 관계, 자기계발 등 온갖 주제의 상담을 해왔습니다. 그리고 고객에게 필요한 조언을 하며 그들이 처한 문제를 해결해줬습니다. 이때 첫 번째로 삼은 규칙은 상대의 이야기를 끝까지 듣는 것이었습니다.

해결책을 제안하는 사람은 상대가 자신의 조언을 받아들이고 제대로 실천해 발전하기를 바랍니다. 그러려면 우선 내 이야기를 들을 수 있는 상태, 상대방을 변화시키기에 가장 효과적인 상태를 만들어야 합니다. 즉, 상대의 컵을 완전히 비워야 하지요. 이런 상태에서 조언하지 않으면 어떤 이야기를 하든 아무런 의미가 없습니다.

그래서 저는 고객의 이야기를 끝까지 들은 뒤 정말 컵이 텅 비었는지를 확인하기 위해 다음과 같은 질문을 합니다.

"그 밖에 더 하시고 싶은 말씀은 없나요?"

이 질문은 상대가 조언을 받아들일 준비가 됐는지를 확인하는 동시에 상대에게 '나는 당신의 말을 들을 의향이 있다'는 메시지를 자연스럽게 전달합니다. 이 말을 들은 상대는 안심감을 느끼고 당신의 이야기를 경청하게 됩니다. 부정하지 않기와 이야기를 끝까지 듣기, 이 두 가지만 실천해도 영향력이 커질 겁니다.

행동의 배경과 이유를 이해하자

━━━━━━━ 이야기를 제대로 듣기도 전에 무조건 부정부터 하거나 일방적으로 화를 내는 사람을 만나본 적 있을 겁니다. 이런 행동을 하면 절대로 사람들의 마음을 얻을 수 없습니다.

누군가의 마음을 움직이려면 반드시 해야 할 일이 있습니다. 바로 평소 같으면 이유를 묻지도 않고 말을 끊거나 화를 낼 만한 상황이라 하더라도 일단 왜 그렇게 했는지 들어보는 겁니다. 내 입장에서는 당연히 '말도 안 된다'고 여길 만한 일이어도 우선은 상대가 왜 그런 일을 했을지 헤아려보세요.

상대의 행동의 이유와 배경을 이해하려는 자세를 보이면 상대는 안심감을 느끼고 이전과는 다른 태도를 보일 겁니다. 사람의 마음을 움직이는 힘을 가지려면 아무리 좋지 못한 일, 잘못된 일을 저지른 사람에게도 그렇게 하게 된 나름의 이유가 있다는 점을 이해해야 합니다. 그래야 자기와 다른 의견을 가진 사람의 마음도 변화시킬 수 있습니다.

구체적인 예를 들어 설명해보겠습니다. 여러 부서가 모여 각자 안건을 발표하는 중요한 전사 회의가 있다고 가정해봅시다. 상사인 당신은 한 부하 직원에게 그 회의에서 프레젠테이션을 하라고 지시했습니다. 프레젠테이션에 사용할 자료는 사전에 이미 훑어보고 승인한 상태입니다.

그런데 회의 시작 시간이 돼도 프레젠테이션을 맡은 부하 직원이 회의실에 나타나지 않습니다. 전화도 받지 않습니다. 당신 부서의 프레젠테이션 차례는 회의가 시작되고 30분 뒤입니다.

시간이 흘러 차례 5분 전이 됐습니다. '그냥 내가 대신 할 수밖에 없겠다'라고 자포자기한 찰나 부하 직원이 등장해 자신 있게 프레젠테이션을 시작했습니다.

프레젠테이션은 무사히 끝났습니다. 회의가 끝난 뒤 부하 직원에게 "뭐 하느라 늦었어?"라고 묻자 이렇게 대답합니다.

"프레젠테이션 자료에 마음에 좀 걸리는 부분이 있었거든요. 완성도를 높이기 위해 발표 직전까지 수정했습니다."

어떤 생각이 가장 먼저 드나요? '그렇다고 회의에 늦게 들어오는 건 말도 안 돼. 피치 못할 사정이 있었다 하더라도 미리 연락은 해야 하는 거 아닌가?' 싶을 겁니다.

하지만 부하 직원은 '회의가 시작되고 30분 후에 우리 차례니까 그때까지만 들어가면 된다'고 생각하고 있었습니다. 회의에서 가장 중요한 목표는 프레젠테이션을 잘해서 기획을 통과시키는 일이니 완벽한 자료를 만들기 위해 마지막까지 끈질기게 붙들고 늘어지는 게 올바른 행동이라고 생각한 것이지요. 양쪽의 입장이 모두 이해가 갑니다.

적을 만들지 않는 대화법

이 상황에서 부하 직원과 어떻게 소통하면 좋을까요? 어떻게 하면 부하 직원의 기분을 상하게 하지 않으면서도 스스로의 행동을 반성하고 '회의에 늦는 것은 바람직하지 않으며 늦을 경우 상사에게 연락을 하자'라고 생각하게 만들 수 있을까요? 나아가 부하 직원이 당신을 신뢰하게 만드는 방법은 무엇일까요?

우선 당신이 생각하는 대응 방법 다섯 가지를 써봅시다.

Q. 부하 직원에게 어떻게 대응해야 좋을까요?

•

-
-
-
-

　어떤 방법을 떠올렸나요? 먼저 당신이 생각한 방법이 옳은 방법인지 살펴보기 위해 절대로 해서는 안 되는 대화의 예시를 소개하겠습니다. 이렇게 하면 사람의 마음을 움직이기는커녕 호감과 신뢰를 모두 잃게 됩니다.

－ 회의가 끝난 후

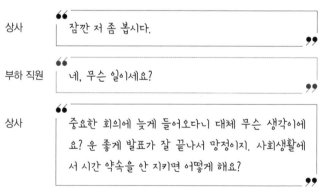

상사　"잠깐 저 좀 봅시다."

부하 직원　"네, 무슨 일이세요?"

상사　"중요한 회의에 늦게 들어오다니 대체 무슨 생각이에요? 운 좋게 발표가 잘 끝나서 망정이지. 사회생활에서 시간 약속을 안 지키면 어떻게 해요?"

| 부하 직원 | 그게… 프레젠테이션 자료를 계속 수정하고 있었습니다. (중요한 발표라고 해서 열심히 했는데 그렇게 말할 것까진 없잖아?) |

| 상사 | 뭘 하고 있었는지 묻는 게 아닙니다. 회의에 늦는 것 자체가 말이 안 된다는 겁니다. 시간은 반드시 지키세요. 알았어요? |

| 부하 직원 | 알겠습니다. (날 전혀 이해해주지 않는군. 발표도 잘 끝났는데….) |

알기 쉽게 설명하기 위해 조금 과장해서 표현한 면도 있지만 누구나 한 번쯤 이렇게 말하는 사람을 만난 경험이 있을 겁니다.

그렇다면 같은 상황에서 안심감을 주는 대화는 무엇일까요? 방금 당신이 적어본 다섯 가지 대응 방법과 비교하며 살펴봅시다.

- 회의가 끝난 후

| 상사 | 발표하느라 고생 많았어요! 훌륭한 프레젠테이션 덕분에 기획이 무사히 통과돼서 기쁘군요! 그나저나 오늘 회의에 늦게 들어왔던데 무슨 일 있었나요? |

부하 직원	" 감사합니다. 중요한 발표라 내용의 완성도를 높이려고 수정 작업을 하다 보니 늦었습니다. "

상사	" 그래요? 그래서 그렇게 훌륭했나 보군요. 고마워요. 그런데 혹시 프레젠테이션 시간이 예정했던 시간보다 앞당겨지면 어떻게 하려고 했나요? "

부하 직원	" 앗, 거기까진 미처 생각하지 못했습니다. "

상사	" 그랬군요. 뭐, 어쨌든 프레젠테이션은 잘했으니까요. 그런 상황이 생기면 어떻게 해야 할까요? "

부하 직원	" 회의에 참여하는 다른 사람에게 늦는다고 이야기하고 차례가 빨리 돌아올 것 같으면 연락해달라고 부탁해 놔야 할 것 같습니다. "

상사	" 그래요, 아주 좋은 방법이군요. 이번에는 누구한테 미리 전달해뒀나요? "

부하 직원	" 아니요, 못했습니다. 다음부터는 전달해놓도록 하겠습니다. "

상사	" 그렇게 해요. 그리고 한 가지 더 ○○ 씨 의견을 듣고 싶은데 괜찮을까요? "

부하 직원	네.

상사	만약 ○○ 씨가 새 기획에 대한 프레젠테이션을 듣는 입장이라고 생각해봅시다. 회의에 늦게 들어왔지만 자료를 잘 다듬어서 최고의 프레젠테이션을 한 사람과 회의 시작 시간에 맞춰서 들어오고 발표까지 잘한 사람 중 어느 쪽의 이미지가 더 좋을까요?

부하 직원	물론 후자입니다. (다 프레젠테이션을 위해서라고 생각했지만 지각은 잘못한 것 같다.)

상사	맞아요. 이번 프레젠테이션은 훌륭하게 잘 해냈으니까 다음에는 더 성장한 모습을 보여주기 위해 처음부터 회의에 참가해봐요! 오늘 수고 많았어요, 고마워요.

신뢰와 존경을 얻는 방법

━━━━━ 한 마케팅 회사에서 약 1만 3000명을 대상으로 호감이 가는 상사의 특징을 조사했습니다. 그 결과 29.1퍼센트로 가장 높은 비율을 차지한 응답은 '책임감을 가지고 부하 직원을 보호

해준다'였습니다.

어떻게 하면 부하 직원을 보호하는 상사가 될 수 있을까요? 부하 직원이 무언가를 실수하거나 곤란한 상황에 처했을 때 무조건 책임을 묻거나 잘잘못을 따지기보다 우선 그를 이해하기 위해 노력하는 모습을 보이면 부하 직원도 안심할 수 있겠지요.

이런 관점에서 앞서 예로 든 대화를 분석해봅시다. 먼저 대화 전체에서 상사는 결코 부하 직원을 부정하지 않습니다. 일단 이야기를 끝까지 들어보려고 하지요.

또한 부하 직원이 저지른 행동의 배경과 의도를 이해하려고 노력하고 있습니다. "회의에 늦다니 대체 무슨 생각이야?" 하고 벌컥 화내는 것이 아니라 상대의 동기를 파악하기 위해 이유를 묻는 형태로 대화를 시작했습니다.

게다가 '회의에는 늦지 말아라', '늦어지면 사전에 연락이라도 해라'라고 명령하는 게 아니라 이런 상황에선 어떻게 하면 좋을지 질문을 했습니다. 이를 통해 부하 직원 스스로 어떻게 변화해야 할지 깨닫도록 만들었습니다. 아무리 상대방에게 어떤 행동의 이유를 물어봤더라도 "다음부터는 이렇게 해!" 하고 지시나 명령을 내리면 상대의 행동이 부적절했다고 간접적으로 지적하는 것이나 다름없기 때문입니다. 그러면 상대를 이해하는 태도를 보여주려던 노력은 물거품이 됩니다.

대화 예시에서 상사는 "어느 쪽이 좋을까?", "어떻게 하면 좋았을까?"를 질문하고 상대가 직접 문제가 된 행동을 고쳐야겠다는 결론에 도달하도록 유도하고 있습니다. 더 나아가 비슷한 상황이 또 일어났을 때 지금보다 더 잘 대처하려면 어떻게 하면 좋을지에 관해 의견을 교환합니다. 이때도 지금 일어난 일에 대해 부정적으로 평가하지 않는 것이 포인트입니다.

이렇게 상대의 잘한 점을 칭찬하고 그의 행동을 이해하려는 자세를 보이면 상대는 자기중요감과 안심감을 느낍니다. 당신에 대한 존경과 신뢰도 자연스럽게 따라오지요.

물론 나와 다른 사고방식을 가진 사람과 일부러 시간을 내서 세심한 주의를 기울이며 대화하는 것은 쉬운 일이 아닙니다. 누군가 잘못을 저질렀을 때 큰소리로 화를 내면 더 빨리 문제를 해결할 수 있지요. 많은 사람들이 이런 수고로움을 감내하지 않아 호감을 얻지 못합니다. 그리고 상대가 자기 뜻대로 움직여주지 않는다고 불평합니다.

하지만 이런 문제를 귀찮아하지 말고 세심하게 대화하기 위해 조금만 노력하면 더 큰 영향력을 손에 넣을 수 있습니다. 다짜고짜 상대를 부정하지 말고 "왜 그렇게 생각했어요?"라는 한마디를 건네보세요. 당신을 둘러싼 모든 게 변화할 겁니다.

제5장

말보다 행동으로
신뢰를 이끌어내라

시각이 감정을 결정한다

인간의 감정은 외부에서 오는 자극에 반응해 생겨납니다. 그리고 우리가 받는 자극 가운데 가장 큰 비중을 차지하는 것은 시각적인 정보입니다. 우리에게 도달하는 정보 중 약 87퍼센트가 시각을 통해 전해진다고 합니다.

이처럼 우리의 감정은 눈에 보이는 것에 좌우됩니다. 귀여운 동물이나 아기를 보면 왠지 모르게 마음이 따뜻해집니다. 사건 사고를 알리는 뉴스 영상을 보면 슬퍼지고 마음이 가라앉습니다. 무엇을 보느냐에 따라 감정이 달라지는 것이지요.

이러한 메커니즘을 인간관계에 적용해보면 어떨까요? 무엇을 보는지에 따라 감정이 달라진다면 상대방에게 무언가를 보여줌으로써 그들의 감정을 바꿀 수 있겠지요. 그 수단 중에서도 가장 대표적인 것은 바로 '표정'입니다.

사람들과 대화할 때 어떤 표정을 짓나요? 누군가가 말을 걸었을 때 어떤 표정으로 응대하나요? 회사에서 돌아다니거나 업무를 볼 때는 어떤 표정을 짓고 있나요? 당연한 소리지만 항상 언짢은 표정을 짓는 사람에게는 안심감을 느낄 수 없습니다. 식당에서 주문을 할 때도 점원이 미소 띤 얼굴로 주문을 받는 경우와 무표정하게 받는 경우 느끼는 감정은 다를 겁니다. 똑같이 "감사합니다"라고 해도 웃는 얼굴로 말하는 사람과 무표정한 얼굴로 말하는 사람에게 받는 인상 또한 각각 다르겠지요.

처음에는 일단 미소부터

━━━━━ 사람은 무엇을 보느냐에 따라 감정이 바뀝니다. 따라서 누군가의 표정을 보면 그 사람에 대한 인상도 달라집니다. 이 간단한 사실을 잊어버리는 사람이 많습니다. 여기서 생각해봅시다. 혹시 일상에서 언제 표정을 신경 써야겠다고 생각하나요?

Q. 어떤 상황에서 표정을 더 신경 써야겠다고 생각하나요?

─────────────────────────────────────

─────────────────────────────────────

─────────────────────────────────────

─────────────────────────────────────

어떤 답을 적었나요? 대하기 어려운 사람을 만났을 때, 누군가에게 부탁을 할 때 등이 있을 겁니다. 직장 상사나 고객과 대화를 할 때는 누구나 표정에 신경을 쓰겠지요.

그렇다면 평소에는 어떤가요? 특정한 상황에서만 표정을 신경쓴다면 사람들은 당신을 '상대가 누구인가에 따라 태도가 달라지는 사람'으로 평가할 겁니다. 제1장에서 살펴본, 사람의 마음을 움직이려면 언제나 한결같은 사람이 돼야 한다는 이야기에서 벗어나는 상황이지요.

자신이 언제 뚱한 표정을 짓는지 생각해봅시다. 그리고 그때 의식적으로 밝은 표정을 지으려 노력해봅시다. 예를 들어 회사에서 한창 바쁘게 일하고 있는데 누군가 말을 걸었던 순간을 떠올려보세요. 방해받고 싶지 않은 마음에 자기도 모르게 무뚝뚝한 표정으로 "왜요?"라고 퉁명스럽게 되묻지는 않았나요? 그랬다면 내일부터는 미소를 지어봅시다.

밝은 표정을 지으면 직장 생활, 연애, 가족 관계, 친구 사이 등 모든 인간관계에서 긍정적인 효과를 얻을 수 있습니다. 특히 미소의 효과는 매우 큽니다. 미소는 상대의 경계심을 풀어주고 안심감을 줍니다.

저명한 비교행동학자인 이레네우스 아이블-아이베스펠트_{Irenäus} _{Eibl-Eibesfeldt}는 여러 문화권에서 인사의 역할을 연구했습니다. 인도네시아 발리에 사는 선주민, 파푸아인, 와이카족 인디오 등 문화와 종교가 다른 사람들의 인사 행동을 관찰했습니다. 그들은 악수나 포옹 등 각각의 인종과 문화, 풍습에 의해 형성된 독자적인 인사 형태를 가지고 있었습니다.

그런데 잘 살펴보니 인사에 공통점이 있었습니다. 누군가와 마주쳤을 때 서로 바라보고 약 0.2초간 눈썹을 치켜올린 뒤 미소를 짓는다는 것이었습니다. 아이블-아이베스펠트는 미소가 긴장을 풀고 공격성을 낮추는 데 도움이 된다는 결론을 내렸습니다.

누군가와 마주친 순간 미소를 지으면 '나는 당신에게 우호적이다'라는 메시지를 전달하는 동시에 안심감을 줍니다. 반대로 미소로 시작하지 않는 커뮤니케이션은 상대에게 불필요한 불안과 경계심을 일으킵니다. 그러니 우선은 미소부터 연습해봅시다. 회사에서 누군가 말을 걸었을 때, 집에서 가족이 불렀을 때, 카페에서 주문한 음료가 나왔을 때 등 다양한 상황에 입꼬리를 자연스럽게 올려 웃어보세요. 반복하다 보면 습관이 생기고 당신 곁에 사람들이 모일 겁니다.

단숨에 신뢰를 얻는 경청의 자세

━━━━━ 표정에 따라 그 사람에게 받는 인상은 달라집니다. 그리고 미소는 호감을 불러일으키는 데 효과적인 수단이지요. 그렇다면 미소만 지으면 모든 인간관계가 원활해질까요? 반은 맞고 반은 틀립니다.

미소의 효과가 반감되는 경우도 있습니다. 예를 들어 회사에서 일하다가 모르는 게 생겨서 선배에게 "이럴 때 어떻게 하면 되는지 아세요?"라고 묻는다고 가정해봅시다. 선배가 미소 띤 얼굴로 "무슨 일인데?" 하고 되물었는데 자세히 보니 가운뎃손가락을 펴고 있다면 어떨까요? 아무리 웃고 있어도 가운뎃손가락을 펴고 있으면 "아, 아무것도 아니에요" 하고 입을 다물게 될 겁니다.

과장된 예시이기는 하지만 요점은 상대의 시각에 들어오는 정보는 표정만이 아니라는 말입니다. 이야기를 듣는 자세 역시 상대방에게 시각 정보를 전합니다. 따라서 들을 자세를 갖추고 있지 않으면 안심감을 줄 수 없습니다.

당신은 상대가 어떤 자세나 태도로 이야기를 들을 때 언짢은 기분이 드나요? 경험에 비춰 생각해봅시다. 어떤 모습들이 떠올랐나요?

- 스마트폰을 만지작거리면서 이야기를 듣는다.
- 내가 말하고 있는데 신문이나 잡지, 텔레비전에서 눈을 떼지 못한다.
- 시계를 힐끗힐끗 보면서 시간을 확인한다.
- 내 이야기를 듣고는 있는데 대답을 건성으로 한다.
- 진지하게 이야기를 들어주지 않는다.

모두 사소한 일입니다. 하지만 그 작은 딴짓이나 딴생각이 당신의 인상을 안 좋게 만듭니다.

누군가의 이야기를 들을 때 팔짱을 끼거나 다리는 꼬는 것도 마찬가지입니다. 심리학에서는 팔짱을 끼는 행위를 상대방의 이야기에 동의하지 않는다는 의사를 전하는 보디랭귀지로 봅니다. 청자가 팔짱을 끼면 화자는 자신의 이야기를 못마땅하게 여긴다고 느껴 안심감이 줄어듭니다. 다리를 꼰 자세 역시 부정적인 시각 정보입니다. 보는 사람에게 위압적이고 잘난 척하는 인상을 주지요. 따라서 누군가 말을 걸어올 때는 먼저 스스로 팔짱을 끼거나 다리를 꼬고 있지는 않은지 확인해야 합니다.

여기서 신뢰를 얻는 비법 한 가지를 알려드리겠습니다. 만약 누군가 말을 걸었는데 다리를 꼬거나 팔짱을 끼고 있었다면 상대방에게 잘 보이도록 다리나 팔짱을 풀고 "무슨 일이에요?" 하고 물으세요. 상대방 입장에서는 자신이 말을 걸기 전까지 다리를 꼬거나 팔짱을 끼고 있던 사람이 자신의 말을 듣기 위해 자세를 가다듬은 상황이 됩니다. 즉, 자신을 거부하지 않고 고압적으로도 보이지 않으며 나의 이야기를 경청하려 한다는 인상을 받는 것이지요. 이렇게 태도의 변화를 보여주면 상대방은 안심감을 느끼고 당신을 신뢰하게 됩니다.

제6장

호의의 반보성을
활용하자

상호성의 법칙

━━━━━━ 안심감을 느낀다는 것은 상대방에게 마음을 연다는 뜻이기도 합니다. 그러면 궁극적으로 호감, 즉 '이 사람이 좋다'는 감정을 느끼게 되지요. 물론 여기에는 연애 감정뿐만 아니라 상사로서, 동료로서, 후배로서, 친구로서 인간적으로 호감을 느끼는 것도 포함됩니다.

영향력은 나를 좋아하는 사람이 많을수록 커집니다. 그렇다면 어떻게 해야 일상에서 사람들이 나에게 호감을 느끼게 될까요? 지금까지 살펴본 절대 부정하지 않기, 이야기 끝까지 듣기, 무턱대고 화내기 전에 이유를 묻기, 미소로 반응하기, 듣는 자세에 신경 쓰기 등은 모두 상대방으로 하여금 안심감을 느끼고 나에게 호의를 가지게 하는 데 도움을 줍니다.

하지만 이것보다 더 즉각적인 효과가 나타나는 방법이 있습니다. 매우 간단한 방법인데 이를 실천하고 있는 사람은 아마 거의 없을 겁니다. 제가 이 방법을 알려줘도 대부분 부끄럽다는 이유로 따라 하지 않습니다. 그렇기에 더욱 이 대화법을 이용하면 사람들에게 호감을 얻을 수 있습니다. 그 방법은 바로 상대에게 당신을 좋아한다고 직접 말해주는 겁니다.

"그런 말을 어떻게 해요?"라는 항의가 들려오는군요. 절대 오해하지 마세요. 사랑 고백을 하라는 말이 아닙니다. '상호성의 법칙'을 이용하라는 뜻이지요.

상호성의 법칙이란 쉽게 말해 누군가 나에게 어떤 일을 해주면 보답을 해야 한다고 생각하는 심리를 뜻합니다. 밸런타인데이에 초콜릿을 받으면 화이트데이에 답례를 해야 한다는 생각이 드는 것이 대표적인 예입니다.

호의의 반보성이라는 법칙도 있습니다. 이는 상대방에게 호의를 받으면 호의로 보답하고 싶어지는 심리를 뜻합니다. 누군가에게 좋아한다는 말을 들은 사람은 안심감을 느끼게 됩니다. 그리고 자신을 좋아한다고 이야기한 상대를 호의를 보여준 사람으로 인식해 호의를 되돌려주기 시작합니다. 그러면 그 대상 역시 상대방을 호의적으로 생각하게 되지요.

사람은 안심감을 느끼게 해주거나 호감을 가지고 있는 사람의 이야기에 자연스레 귀를 기울이고 그에게 협력합니다. 그리고 내가 호감을 표현하면 어느 순간 상대도 나에게 안심감과 호감을 느끼게 됩니다. 따라서 호감을 전달하면 영향력이 커집니다.

좋아한다고 말한 횟수와 신뢰도가 비례하는 이유

━━━━━━ 연인 사이라면 모를까 회사의 부하 직원이나 동료에게 대놓고 당신을 좋아한다고 말하기는 쉽지 않습니다. 혹시라도 상대가 사적인 감정으로 착각하면 곤란할 테니까요. "저는 당신을 좋아합니다"는 일상 대화에서 흔히 나올 법한 말은 아닙니다. 자칫 잘못하면 청자를 불쾌하게 만들 수도 있습니다. 그러니 다음의 세 가지 방법으로 접근해봅시다.

첫 번째는 단체를 좋아한다고 말하는 겁니다. 대상을 개인이 아닌 그가 속한 단체로 확대함으로써 좋아한다는 말에 대한 거부감을 의도적으로 줄이는 방법입니다.

- (당신이 관리자라면) "난 이 팀 멤버들이 정말 좋아."
- (당신이 선생님이라면) "나는 우리 학생들이 참 좋아."
- (당신이 학생이라면) "이걸 같이 배우고 있는 사람들이 정말 좋아."
- (배우자에게) "난 우리 가족이 참 좋아."

두 번째는 상대의 행동이 좋다고 말하는 방법입니다.

- "끝까지 포기하지 않는 자세가 좋아."
- "좋은 건 좋다, 싫은 건 싫다고 분명하게 표현하는 점이 좋아요."
- "항상 앞을 멀리 내다볼 줄 알아서 좋다니까?"
- "사전에 빈틈없이 준비하는 성격이 정말 좋아요."
- "내가 예전에 한 말을 기억해줘서 참 좋아."

이 정도도 직접적인 표현이어서 말하기가 망설여지나요? 그렇다면 세 번째 방법이 있습니다. 상대의 소지품이 좋다고 말하는 겁니다.

- "구두 색깔이 참 멋지네요. 저도 그 색 좋아해요."
- "넥타이 무늬가 근사하네요. 마음에 들어요."
- "스마트폰 케이스가 세련됐네요. 디자인이 참 좋아요."
- "하와이에 다녀오셨다고요? 저도 하와이 좋아하는데."
- "와인을 좋아하신다고요? 저도 와인 좋아해요."

왜 단체나 행동, 소지품이 좋다고 말하면 듣는 사람의 마음을 얻을 수 있을까요? 뇌과학적으로 설명하자면 인간의 뇌는 수많은 말을 해석하기 위해 주어를 생략하고 듣는 성질이 있습니다. 그렇기 때문에 단체나 행동, 소지품이 좋다는 말을 자신을 좋아한다는 말로 착각해버립니다. 청자가 의식하지 못하는 사이에 호감을 전달하게 되는 겁니다.

좋아한다는 말은 호감을 전달할 뿐만 아니라 어디에서든 장점을 찾아내려고 노력하는 사람이라는 느낌을 줍니다. 사람들에게 긍정적인 시선으로 세상을 바라본다는 인상을 주면 호감을 이끌어낼 수 있지요.

당신은 하루에 몇 번이나 무언가를 좋아한다는 말을 하나요? 오늘부터 하루에 열 번씩 누군가에게 좋아한다고 말합시다. 상대가 속한 단체나 집단, 상대의 행동, 소지품에 대해 칭찬하는 것도 상관없습니다. 사람들에게 좋아한다는 말을 할 때마다 청자의 표정이 어떻게 변하는지 주목해보세요. 좋다고 말한 횟수와 인기는 비례할 겁니다.

타인을 비판하는 사람은 인기가 없다

'남의 험담은 웬만하면 하지 마라'는 말을 자주 들어봤을 겁니다. 이렇게 다른 사람을 부정적으로 이야기하면 영향력을 얻을 수 없습니다. 왜 그런 걸까요? 그 이유를 과학적으로 살펴보겠습니다.

당신이 남을 헐뜯거나 비판하면 그걸 본 주위 사람들은 당신을 험담꾼으로 인식하게 됩니다. 그렇게 되면 자연스럽게 '내가 없는 자리에서는 내 욕도 할지 몰라'라고 생각하게 되지요. 미국 오하이오주립대학교에서 실시한 실험에 따르면 타인을 적극적으로 칭찬하고 긍정적인 소문을 퍼뜨리는 사람일수록 상대방에게 친밀감을 느끼게 한다는 사실이 밝혀졌습니다. 반대로 제삼자의 부정적인 소문을 퍼트리는 사람은 기피 대상이 된다는 결과도 얻었습니다.

이처럼 심리학적으로 봤을 때 인간은 내 험담을 하고 다닐지도 모르는 사람에게는 마음을 열지 않습니다. 그런 사람과는 표면적으로만 알고 지내자고 생각하지요. 남의 험담을 자주 하는 사람은 신뢰를 얻을 수 없습니다. 따라서 누군가의 마음을 움직이려면 절대로 뒤에서 다른 사람을 비방하지 말아야 합니다.

하지만 아무리 참으려고 해도 자신도 모르게 누군가를 욕하고 싶어지는 경우가 있습니다. 누군가를 비판하고 싶을 때는 어떻게 하면 좋을까요? 굉장히 효과적인 대처 방법이 있습니다. 바로 왜 남의 험담을 하지 않기로 마음먹었는지 떠올리는 겁니다.

다른 사람을 뒤에서 욕하지 않아야 하는 이유는 다양합니다. 만약 당신이 부모라면 내가 하는 말을 아이가 그대로 흉내 내는 경우가 있을 겁니다. 내 아이가 남의 험담을 하는 사람으로 자라지 않도록 막아야겠지요. 당신이 팀장인데 팀원 앞에서 다른 사람을 비판만 하고 있으면 팀원이 당신을 믿고 따르지 않게 될 겁니다. 나아가 남의 험담을 하고 다니면 그런 이야기를 즐기는 사람들만 주변에 모이게 될 수도 있고요. 비판적인 이야기를 할 때는 누구나 표정이 어두워지기 때문에 다른 사람들에게 안 좋은 인상을 줄 수도 있겠지요.

현재 자신이 놓인 입장이나 상황에 따라 이유는 천차만별일 겁니다. 무슨 이유를 생각했든 오늘부터 일주일간 남의 험담과 비판을 절대로 하지 않는 게임을 시작해봅시다. 이 목표를 달성했을 때 스스로에게 줄 상도 미리 정해둡시다. 쉽게 습관을 만들 수 있을 겁니다.

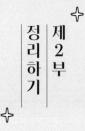
- 안심감을 느끼게 해줘야 사람들을 내 곁으로 모을 수 있다.

- 부정하는 말은 안심감보다 부정적인 감정을 심어준다.

  ① "그건 아니지", "무슨 말도 안 되는 소리야" 같은 부정적인 말을 하

   지 않는다.

  ② '하지만', '그래도' 같은 역접의 의미가 있는 단어로 이야기를 시작

   하지 않는다.

  ③ 나와 다른 의견을 가진 사람에게는 "그렇군요. 당신은 그렇게 생

   각하는군요"라고 답한다.

- 상대를 안심시키려면 이야기를 끝까지 듣고 그를 이해하려는 자세를

  보인다.

  ① "또 하고 싶은 말은 없나요?"라고 이야기를 들을 자세가 돼 있다

   는 것을 보여주자.

  ② '아무리 이상한 사람이라도 나름의 이유가 있다'는 자세를 가진다.

③ "왜 그렇게 생각했어요?"라고 이유를 먼저 물어본다.

④ "그 상황에서 어떻게 했으면 좋았을까?"라고 상대방 스스로 답을 찾도록 유도한다.

- 대화를 할 때는 표정에 신경을 쓰고 반드시 미소로 응대한다.

- 이야기를 듣는 자세에 따라 나의 이미지가 달라진다. 팔짱을 끼거나 다리를 꼬지 말자.

① 팔짱을 끼거나 다리를 꼬고 있었다면 상대가 말을 건 즉시 풀어 적극적으로 이 대화에 참여하고 싶다는 인상을 주자.

- 상대방을 좋아한다고 말하자.

① 상대가 속한 단체를 좋아한다고 말하자.

② 상대의 행동이 좋다고 말하자.

③ 상대가 가진 소지품이 좋다고 말하자.

- 상대의 의견이나 입장을 이해했다는 사실을 말이나 태도로 적극적으

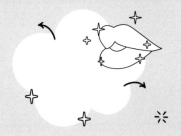

로 표현하자.

- 험담을 하고 다니면 주위 사람들에게 안심감을 주지 못한다.

  ① 다른 사람의 험담을 하지 말아야 할 명확한 이유를 정하자.

  ② 남의 험담을 하지 않으면 자신에게 상을 주는 연습을 하자.

제3부

상대의
자기중요감을 높이는
마법의 말

자기중요감이란 자신이 가치 있는 존재라고 느끼는 것을 말합니다. 자기중요감을 얻고자 하는 욕구를 채워주면 상대방에게 신뢰를 얻을 수 있습니다. 그의 마음도 움직일 수 있게 됩니다. 당신과의 대화를 통해 자기중요감이 충족되는 것을 경험하면 자연히 당신과 계속 대화하고 싶어지고 당신의 이야기에도 귀를 기울이게 될 테니까요.

제7장

상대의 자기중요감을
자극하라

상대의 자기중요감에 상처를 입히지 않으려면

━━━━━━━ 우리는 본능적으로 욕구를 채우기 위해 움직입니다. 갈증을 느끼면 물을 마십니다. 더우면 에어컨을 켭니다. 이와 마찬가지로 인간이 다른 사람과의 관계에서 항상 채우고 싶어하는 두 가지 욕구가 있습니다. 바로 안심감과 자기중요감입니다.

자기중요감이란 자신이 가치 있는 존재라고 느끼는 것을 말합니다. 자기중요감을 얻고자 하는 욕구를 채워주면 상대방에게 신뢰를 얻을 수 있습니다. 그의 마음도 움직일 수 있게 됩니다. 당신과의 대화를 통해 자기중요감이 충족되는 것을 경험하면 자연히 당신과 계속 대화하고 싶어지고 당신의 이야기에도 귀를 기울이게 될 테니까요.

반대로 자기중요감에 상처를 입으면 '이 사람과는 두 번 다시 이야기하고 싶지 않다'고 느끼게 됩니다. 어쩌면 당신도 누군가와 대화를 하면서 이런 경험을 한 적이 있을 겁니다. 그때 어떤 말을 들었나요? '나는 쓸모없는 사람이다'라고 느끼게 할 만한 말을 던지면 상대의 자기중요감이 손상됩니다.

일부러 상대에게 상처를 주는 말을 하는 사람들도 있겠지만 그럴 의도가 없었는데 실수를 저지르는 경우도 있습니다. 이렇게 무의식중에 타인의 자기중요감에 상처를 입히지 않으려면 어떻게 해야 할까요? 아주 간단합니다. 스스로 금지어를 설정해놓으면 됩니다. 일상에서 대화할 때 '이런 말은 하지 않겠다'는 규칙을 정하고 게임을 하듯이 따르는 겁니다.

그렇다면 무엇을 금지어로 설정해야 할까요? 먼저 다음 질문에 답해보길 바랍니다.

Q. 지금까지 살면서 어떤 말을 들었을 때
자기중요감에 상처를 받았나요?

_____

_____

_____

_____

_____

_____

질문이 너무 어렵다면 지금까지 언제 타인에게 들은 말이나 타인이 보인 반응 때문에 기분이 나빴는지를 생각해보면 됩니다. 아마 이런 말들이 있을 겁니다.

- "그건 아니지."
- "완전히 망했네!"
- "무슨 소리야?"
- "틀렸어."
- "당연히 이게 맞지."
- "그런데 말이야…"
- "말도 안 돼!"
- "바보 아냐?"

예시로 든 말 중에 공감이 되는 말도 있고 의아한 말도 있을 겁니다. 여기서 "그런데 말이야…"는 역접의 의미가 담겨 있어 간접적으로 의견을 부정하는 인상을 줍니다. 또한 "바보 아냐?"는 청자의 존재를 업신여기는 말입니다.

다른 사람과 대화할 때 상대의 자기중요감에 상처를 입히는 말들은 써서는 안 됩니다. 하지만 시간에 쫓기거나 울컥했을 때는 이런 말이 자기도 모르게 튀어나올 가능성이 있기 때문에 주의해야 합니다. 상대의 자기중요감에 상처를 입히지 말아야 한다는 대전제를 이해했다면 이제 이를 활용해 사람의 마음을 움직이는 방법을 구체적으로 소개하겠습니다.

이름을 자주 부르자

자기중요감을 얻고자 하는 욕구란 나라는 존재가 가치 있다는 사실을 느끼고자 하는 마음이라고 이야기했습니다. 그렇다면 사회생활에서 상대의 존재감을 알아봐주기 가장 쉬운 수단은 무엇일까요?

바로 '이름'입니다. 상대의 이름을 제대로 기억하고 불러주면 그 사람의 자기중요감을 쉽게 채울 수 있습니다. 오늘부터 직장 동료, 거래처 직원, 이웃의 이름을 외워보세요.

반대로 일상에서 자주 마주치는 관계인데 상대의 이름을 잘못 부르거나 잊어버리면 좋지 않은 인상을 줄 수 있습니다. 만약 누군가 나의 이름을 자꾸 헷갈린다면 기분이 어떨까요? 물론 크게 신경 쓰지 않는 사람도 있겠지만 하지만 대다수는 서운함을 느낍니다. '나(의 이름)는 기억할 만한 가치가 없나?' 하는 불안감이 들기 때문입니다.

누군가와 소통할 때는 이름을 기억하는 데서 그치지 않고 불러줘야 합니다. 사람은 누군가가 자기 이름을 부르면 그 사람이 자신을 특정한 개인으로 인식해줬다는 사실을 깨닫습니다. 이름을 부르면 부를수록 듣는 사람은 스스로 중요한 존재라고 생각하게 됩니다. 따라서 대화를 할 때는 웬만해선 상대방의 이름을 생략해서는 안 됩니다.

예를 들어 매일같이 예약이 쇄도하는 어느 유명 피부 관리 숍에서는 한 고객의 이름을 최소 5회 이상 부르는 규정이 있다고 합니다. 저 역시 누군가와 직접 만나서 이야기할 때는 물론 이메일이나 SNS, 메신저에서도 절대 상대의 이름을 생략하지 않습니다. 감사 인사를 할 때도 "고맙습니다!"가 아니라 "○○ 씨, 고맙습니다!"라고 말합니다. 이렇게 하면 감사의 마음이 명확하게 전달될 뿐만 아니라 청자의 자기중요감도 충족되고 화자에 대한 신뢰도 증가합니다.

이 원리를 특히 효과적으로 사용하는 방법이 있습니다. 예상치 못한 순간에 누군가가 이름을 불러주면 자기중요감이 단숨에 올라간다고 합니다. '내 이름을 기억하지 못하겠지?'라고 생각할 만한 상황에서 상대의 이름을 부르는 습관을 가져보세요. 이 행동은 상대방에게 스스로 생각하는 것보다 당신에게는 훨씬 큰 가치가 있다는 메시지를 전달할 수 있습니다.

오늘 하루 만난 사람의 이름과 그동안 상대의 이름을 부를 수 있는데 그렇게 하지 않았던 상황을 떠올려봅시다. 그리고 앞으로 비슷한 일이 일어나면 꼭 그 사람의 이름을 불러보세요.

참고로 저는 강연회를 진행할 때 사전에 참가자 명부를 확인합니다. 그리고 최선을 다해 목록에 적힌 이름을 외웁니다. 참가자의 수가 몇백 명일 때도 마찬가지입니다. 힘들지만 최대한 이름을 암기한 뒤 강연에 임합니다. 강연회를 한창 진행하다 청중들이 전혀 예상하지 못한 순간에 그들의 이름을 부르면 다들 매우 기뻐합니다. 그 밝은 표정을 보면 저도 정말 기분이 좋아지지요. 당신도 꼭 한 번 실천해보기 바랍니다.

생일에는 축하 인사를 전하자

━━━━━ 이름을 부르는 것 외에도 상대방의 자기중요감을 높이는 말이 있습니다. 상대방의 생일을 축하하는 말을 건네는 겁니다. 매우 간단하지만 효과적인 방법입니다.

"○○ 씨, 오늘 생일이죠? 축하드려요"라는 말을 들으면 어떤 기분이 들까요? '나는 누군가가 생일을 기억해줄 만큼 소중한 존재구나'라는 사실을 실감하게 됩니다.

상상해보세요. 가족이나 연인이 아닌 직장 상사가 당신의 생일을 기억하고 축하 인사를 건넨다면 어떨까요? SNS의 알림을 보고 누군가 "오늘 생일이었죠?"라고 말을 건넨다면요? 왠지 모르게 흐뭇한 기분이 들 겁니다. 다음 질문에 답해봅시다.

Q. 주변 사람의 생일을 몇 명이나 알고 있나요? 평소 내 편으로 삼고 싶은 사람 중 생일을 기억하는 사람이 몇 명인가요?

다 적었나요? 생일이 언제인지 기억나는 사람이 의외로 적을 겁니다. 특히 직장 동료의 생일을 챙기는 사람은 많지 않습니다. 그런데 당신이 생일을 외우고 축하 인사를 건넨다면 특별히 좋은 인상을 남길 수 있겠지요.

　　단, 한 가지 주의해야 할 점이 있습니다. 이 사람 저 사람 할 것 없이 아무에게나 생일을 축하해줘서는 안 된다는 겁니다. 상대에 따라 '왜 이 사람이 내 생일을 알고 있지?' 하고 기분 나빠할 수도 있으니 말입니다. 예를 들어 길을 걷다가 갑자기 모르는 사람이 "오늘 생일이시죠?"라고 하면 무섭겠지요.

　　축하의 인사를 건네려면 '예전에 이야기하다가 알게 됐다'거나 '사내에서 누구나 열람할 수 있는 자료를 보고 알았다', 'SNS에서 보고 알았다' 등 생일인 걸 알아도 이상하지 않을 만한 관계성이 전제돼야 합니다.

평소 자주 만나는 사람 다섯 명의 생일을 알아보고 메모해둡시다. 그리고 생일이 되면 축하한다는 인사 한마디를 건네보세요.

상대방을 상대방 이상으로 이해하자

======== "2차에서는 항상 맥주를 드시죠? 제가 미리 주문해놨어요."

당신이 평소에 술 마시는 패턴을 팀원이나 후배가 이렇게 기억해준다면 어떨까요? '이 녀석 뭘 좀 아는데?' 하고 상대방에 대한 인상이 좋아질 겁니다.

왜 이럴 때 상대방의 이미지가 좋아질까요? 눈치챘겠지만 자기중요감이 충족됐기 때문입니다. "2차에서는 항상 맥주를 드시죠?"라는 말은 '나는 다른 사람이 나의 취향을 기억해줄 만한 존재다'라는 생각을 하게 만듭니다. "미리 주문해놨어요" 역시 '나는 누군가 신경을 써줄 만한 존재다'라고 느끼게 해주지요.

누군가가 나에 대해 알아준다는 사실은 안심감을 줌과 동시에 스스로 가치 있는 존재라고 느끼게 합니다. 상대가 알아주면 알아줄수록 나의 자기중요감이 자극되는 겁니다. 당신은 주변 사람들을 얼마나 잘 알고 있나요? 그들에 대한 정보를 얼마나 가지고 있나요? 당신이 평소에 자주 대하는 사람을 한 명 떠올려보고 다음 질문에 답해봅시다.

Q. 평소 자주 만나는 사람에 대한 질문에 답해봅시다.

- 그 사람은 어디 출신입니까?

- 그 사람의 생일은 언제입니까?

- 그 사람에게 자녀가 있다면 자녀의 나이는 몇 살입니까?

- 그 사람이 좋아하는 음식은 무엇입니까?

- 그 사람이 좋아하는 것, 취미는 무엇입니까?

- 그 사람은 학창 시절에 어떤 일을 했습니까?

___

- 그 사람이 지금 흥미를 느끼고 있는 것은 무엇입니까? 관심 있어 하는 사람은 누구입니까?

___

- 그 사람이 실현하고자 하는 일이나 중요하게 생각하는 가치는 무엇입니까?

___

- 그 사람의 혈액형은 무엇입니까?

___

- 그 사람이 못 먹는 음식은 무엇입니까?

___

- 그 사람은 술을 마실 수 있습니까? 마실 수 있다면 어떤 종류의 술을 좋아합니까?

___

몇 가지에 답할 수 있었나요? 먼 사이라고 여겼는데 생각보다 많이 답했을 수도 있고 가까운 사이라고 알고 있었는데 몇 개 답을 하지 못했을지도 모릅니다.

정보를 혼자 아는 데서 그치지 않고 내가 당신에 대해 무언가를 기억하고 있다는 사실을 자연스럽게 보여주면 더 좋습니다. 사소한 대화를 나누다가 문득 "그러고 보니 지난번에 ○○을 좋아한다고 했었지?"라고 말해보세요. 혹은 "자녀분도 이제 곧 ○살이 되지 않나요?"라는 이야기를 꺼내도 좋습니다. 상대방이 '나와 관련된 일을 기억해주고 있다니…' 하며 자기중요감을 충족함과 동시에 안심감을 느끼고 당신을 신뢰할 겁니다.

물론 모든 이의 정보를 암기하는 것은 불가능합니다. 하지만 내일 누구와 만나게 될지는 어느 정도 예측할 수 있습니다. 그 사람을 만나기 전에 그에 대한 정보를 예습하는 노력만 해도 인기를 얻을 수 있습니다.

단, 연달아서 "○○ 출신이시죠?", "○○를 좋아하시죠?", "자녀분 나이가 올해 ○○살이죠?" 하고 읊어대면 곤란합니다. 상대방을 겁주거나 불쾌하게 만들 수 있기 때문입니다. 즉, 안심감을 느끼지 못하게 만들지요. 따라서 한 번 만날 때 상대방의 정보를 한두 개만 아는 척하는 게 좋습니다. 상대방이 직접 언급한 적 없는 사적인 정보를 꺼내는 것도 주의해야 하고요. 이렇게만 해도 당신의 신뢰도가 눈에 띄게 올라갈 겁니다.

화려한 생일 파티보다 축하 횟수가 중요하다

━━━━ '당신을 항상 소중하게 생각하고 있습니다', '당신이 기뻐했으면 좋겠습니다'와 같은 메시지를 전하면 당연히 듣는 사람의 자기중요감이 충족될 겁니다. 그렇다면 이런 메시지를 일상에서 쉽게 전할 수 있는 방법은 무엇일까요? 바로 축하를 하거나 선물을 주는 겁니다.

방금 이야기했지만 상대방의 생일을 챙기면 쉽게 호감을 얻을 수 있습니다. 하지만 생일에 인사를 건네거나 선물을 보내는 일은 누구나 생각할 만한 방법입니다. 모두가 축하해주는데 만약 당신만 아무것도 하지 않는다면 상대방은 '다른 사람들은 내 생일을 축하해주는데 저 사람만 축하 인사를 안 하네?'라고 생각하게 되지요. 그러면 결국 당신이 자기를 별로 중요하게 생각하지 않는다고 느낄 겁니다. 나아가 당신에 대한 신뢰가 떨어지고 당신의 인기는 사그라들겠지요.

생일에 축하 인사를 건네는 것은 기본적인 호의입니다. 여기서 더 나아가 인생을 술술 풀리게 하려면 다른 사람이 하지 않는 일을 할 필요가 있습니다. 생일 외의 다양한 사건을 축하해주는 것이지요. 즉, 화려한 생일 파티를 딱 한 번 열어주는 것보다 좋은 일이 있을 때마다 여러 번 축하해주는 것이 상대방의 자기중요감을 쉽게 충족시켜줄 수 있습니다. 간소하지만 마음이 담긴 선물을 하면 더 좋겠지요.

그렇다면 여기서 질문을 하나 해보겠습니다. 우리가 생일 외에 누군가를 축하할 만한 일로 무엇이 있을까요?

Q. 생일 외에 축하할 만한 일로 무엇이 있을까요?
주변 사람들을 대입해 생각해보세요.

주위에 어떤 사람이 있느냐에 따라서 답이 달라질 겁니다. 예를 들어 제 주변에는 경영인이나 작가가 많기 때문에 회사의 창립 기념일이나 새로운 점포 개점일, 신간 발매일 등을 떠올렸습니다. 결혼기념일, 입사, 승진, 수상, 출산 등 저마다 축하할 만한 다양한 순간이 반드시 있을 겁니다.

중요한 것은 타이밍을 놓치지 않고 축하의 말을 전하거나 선물을 하는 겁니다. 화려한 선물보다 '나는 당신에게 관심이 있습니다'라는 마음을 전달하는 것 자체가 더 중요합니다. 그러면 호의의 반보성이 작동해 상대방도 당신을 소중하게 생각하게 될 테니까요.

제8장

적절한 지시와 조언이 사람을 움직인다

일단 칭찬부터 하기

━━━━ 누군가에게 적절한 지시와 조언을 하면 그의 마음을 움직일 수 있습니다. 부하 직원, 후배, 학생, 가족이나 친구 등 상대방이 '저 사람 덕에 여기까지 올 수 있었다'고 생각할 만한 상황을 만들면 당신의 신뢰도와 인기가 높아지지요. 이때 어떻게 하면 당신의 조언을 더욱 효과적으로 전달할 수 있을까요? 바로 명령이 아닌 칭찬으로 시작하는 겁니다.

일단 칭찬하기가 효과적인 이유는 무엇일까요? 인간은 자신을 칭찬해주는 사람에게 관심을 가지기 때문입니다. 누군가에게 지시나 조언을 하는 것의 목적은 최종적으로 내 말을 받아들이고 행동을 고치게 만드는 데 있습니다. 그러려면 일단 상대가 내 말에 귀를 기울이고 조언을 받아들이려는 태도를 가져야 합니다. 이때 칭찬이 큰 도움을 줄 수 있습니다.

그렇다면 칭찬을 해서 상대에게 내 이야기를 들을 마음이 생기면 그다음부터 하고 싶은 말을 다 해도 될까요? 안타깝지만 절대안 됩니다. 다른 사람에게 어떤 행동을 지시할 때는 칭찬, 조언, 칭찬으로 이어지는 3단계 대화 패턴을 거쳐야 합니다. 우선 상대방을 칭찬한 다음 어떻게 하면 좋을지 조언하고 다시 칭찬으로 마무리하는 방법이지요.

칭찬과 조언까지는 쉽게 이해하겠는데 왜 한 번 더 칭찬을 해야 할까요? 사람의 뇌는 어떤 일에 대해 마지막으로 받은 인상만 기억에 남기는 메커니즘을 가지고 있기 때문입니다.

예를 들어 좋아하는 사람과 데이트를 한다고 해봅시다. 전부터 가보고 싶었던 곳에 가서 맛있는 식사를 하며 매우 즐거웠는데, 헤어질 때 크게 다퉜다면 어떨까요? 마지막에 싸운 것만 기억해 그날 하루가 씁쓸하게 머릿속에 남을 겁니다.

누군가에게 조언하거나 지시를 할 때, 잘못된 부분을 지적할 때, 수정을 요구할 때도 마찬가지입니다. 처음에 칭찬을 했다 하더라도 마무리가 "당신이 하는 일은 영 글렀으니 고치세요"로 끝나면 청자는 불쾌함을 느끼게 됩니다. 하지만 마지막에 한 번 더 칭찬을 건네 상대의 자기중요감을 채워주면 조언을 긍정적으로 받아들이게 됩니다.

실수를 성장으로 바꾸는 대화법

▬▬▬▬▬ 예를 들어봅시다. 당신이 후배에게 회의에서 사용할 자료를 작성해달라고 부탁했습니다. 후배가 기한에 맞춰 서류를 작성해줬지만 자세히 보니 오타투성이입니다. 당신은 후배가 당장 오타를 수정했으면 좋겠고 다음부터는 오타가 없는지 미리 확인하고 제출해줬으면 합니다. 이럴 때 칭찬하기 → 조언하기 → 칭찬하기의 형태로 지시하려면 구체적으로 어떻게 해야 할까요?

후배
> 66
> 오늘까지 작성해달라고 하신 회의 자료입니다. 확인 부탁드립니다.
> 99

당신
> 66
> (뭐야, 오타가 잔뜩 있잖아. 수정해야겠는데?) 고마워요. 만들기 힘들었어요? ○○ 씨가 기한 내에 확실하게 마무리해준 덕분에 살았어요. 잘 만든 김에 완성도를 더 높이고 싶은데 이 부분을 좀 읽어볼래요?
> 99

후배
> 66
> 네, 올해 당사의 영업 화동은… 어? '활동'인데 '화동'이라고 잘못 썼네요.
> 99

당신	"아, 그래요? 혹시 그것 말고도 오탈자가 있을지 모르니 한 번만 더 확인해줄 수 있을까요? 내용도 훌륭하고 일하는 속도도 빨랐는데 오탈자 몇 개 때문에 점수가 깎이면 마음 아프잖아요."
후배	"네, 금방 수정해오겠습니다!"

대화를 읽어보면 우선 기간 안에 제출한 것, 내용의 완성도가 높았던 것을 칭찬합니다. 수정할 부분을 지적할 때는 '여기가 틀렸다'고 부정하지 않습니다. 대신 '완성도를 높이고 싶은데'라는 부드러운 표현으로 조언을 전달합니다. 청자가 직접 오탈자가 존재한다는 사실을 깨닫게 하고 그 부분을 수정해달라고 요청합니다. 마지막으로 한 번 더 내용이 좋았던 것과 일하는 속도가 빨랐던 것을 칭찬합니다. 칭찬하기 → 조언하기 → 칭찬하기 법칙에 따라 칭찬 사이에 조언을 끼워 넣는 샌드위치 형태의 대화법입니다.

이렇게 하면 부정하는 표현이 없기 때문에 상대의 자기중요감은 상처를 입지 않습니다. 오히려 칭찬을 받고 더욱 성장할 기회를 얻어 자기중요감이 충족되지요. 그러면 자연스럽게 청자는 더나은 행동을 하고 싶어지기 마련입니다. 자신의 실수를 수정하는 게 아니라 자신이 더욱 성장하기 위한 일을 스스로 선택한 셈이지요. 그리고 그 기회를 주고 자기중요감을 충족시켜준 사람은 다름 아닌 당신이 됩니다.

조언이나 지시, 지적을 하고 싶을 때는 이 샌드위치 방식을 시도해보세요. 직접 보고 말할 때뿐만 아니라 메일이나 메신저로 지시할 때도 마찬가지입니다. 상대방이 놀랄 만큼 의욕을 내고 스스로 움직이기 시작할 겁니다. 나아가 당신과 함께하는 일이 즐겁다고 느끼고 당신을 신뢰할 뿐만 아니라 결과적으로 당신에 대한 존경심까지 생길 겁니다.

칭찬은 여러 사람 앞에서, 지적은 단둘이

누군가의 자기중요감을 충족시켜줄 기회는 일상에 다양하게 존재합니다. 이는 뒤집어 말하자면 누군가의 자기중요감에 상처를 입힐 만한 상황 역시 자주 생길 수 있다는 뜻이기도 합니다.

누구나 한 번쯤 대화를 하다가 상대방이 갑자기 침울해졌는데 왜 그러는지 전혀 짐작 가는 구석이 없었던 적이 있을 겁니다. 이럴 때는 무의식중에 상대의 자기중요감에 상처를 입혔을 가능성이 큽니다. 단어 선택에 신중했다 하더라도 말하는 타이밍이나 장소가 부적절했을 수도 있지요.

우선 언제 어디서 칭찬을 받으면 자기중요감이 크게 충족될지 생각해봅시다. 혼자 있을 때일까요, 아니면 여러 사람과 함께 있을 때일까요? 전자입니다. 처음 칭찬할 때는 우선 여러 사람 앞에서 하고 그 후에 다시 개인적으로 칭찬하는 것이 가장 좋습니다.

여러 사람 앞에서 누군가를 칭찬하는 것은 다른 사람들에게 '이 사람은 칭찬할 만한 가치가 있는 사람이다'라고 발표하는 것과 다름없습니다. 그 자리에서 다른 사람의 칭찬을 듣는 사람은 자신이 이렇게 중요한 정보를 들을 만한 가치가 있는 존재라는 사실을 인식하게 됩니다. 칭찬을 받은 대상 역시 자기중요감이 올라가겠지요.

또한 시간차를 두고 개인적으로 한 번 더 칭찬을 하면 좋습니다. 이때 메일이나 메신저로 메시지를 보내 칭찬하는 것이 포인트입니다. 공개적으로 이미 칭찬을 받았는데 또 한 번 칭찬을 받으면 상대방은 '내가 정말 좋은 행동을 했구나' 하고 느끼게 됩니다.

여러 사람 앞에서 칭찬을 받았으니까 이걸로 칭찬은 끝이겠거니 하고 있었는데 새삼스레 또 한 번 메시지를 받았다는 사실 때문에 '나는 남들이 공을 들일 만한 존재다'라고 생각하게 됩니다.

그렇다면 반대로 상대의 실수를 지적할 적절한 타이밍과 장소는 무엇일까요? 이미 눈치챘겠지만 상대의 자기중요감에 가장 크게 상처를 입히는 때와 장소는 바로 '남 앞', 그것도 '여러 사람 앞'입니다.

여러 사람 앞에서 누군가의 실수를 지적하는 것은 '이 사람은 이런 실수를 하는 사람이다'라고 발표하는 것이나 마찬가지입니다. 실수를 지적받은 사람 입장에서는 화자뿐만 아니라 주위 사람들에게도 자신이 평가 절하됐다고 느껴지지요. 자기중요감에 상처를 입는 것도 당연합니다.

그런데 남들 앞에서 누군가의 실수를 지적하는 게 좋지 않다는 사실을 알면서도 자기도 모르게 그렇게 행동하는 사람들이 있습니다. 왜 그런 걸까요? 여기까지 이 책을 읽었다면 벌써 그 이유를 알고 있을 겁니다. 바로 남들 앞에서 상대의 실수를 지적함으로써 자신의 자기중요감을 충족시키려고 하기 때문입니다.

여러 사람 앞에서 상대를 헐뜯으면 그 자리에 있는 사람들에게

'나는 남의 실수를 눈치채고 이를 지적하는 입장에 있는 사람이다'라는 메시지를 인지시키게 됩니다. 그렇게 화자는 자기중요감을 채우게 되지요.

하지만 그런 행동을 했다가는 실수를 지적당한 상대방뿐만 아니라 이를 지켜본 다른 사람들의 신뢰와 호감까지 잃게 됩니다. 앞서 살펴봤듯이 이야기를 들을 만한 가치가 있는 사람의 기준에서 크게 벗어나고 말았기 때문입니다.

나아가 이런 일이 반복되면 이미 다른 사람들에게는 신뢰를 잃었기 때문에 자기 스스로 자기중요감을 채울 수밖에 없습니다. 그러면 계속해서 남들 앞에서 타인의 실수를 지적하려고 하는 악순환에 빠지게 됩니다.

사회생활을 하다 보면 당연히 누군가의 실수를 잡아내거나 그를 꾸짖어야 하는 상황이 생깁니다. 그럴 때는 반드시 상대방이 혼자 있을 때 해야 합니다. 칭찬과 지적 모두 때와 장소를 잘 고르면 사람들은 당신을 상냥한 사람, 남의 기분을 살필 줄 아는 사람, 의지할 수 있는 사람이라고 생각하게 될 겁니다.

상대를 움직이려면 조언을 구하라

━━━━━ 사람의 마음을 움직이는 대화법에는 법칙이 있습니다. 그리고 다른 사람이 무언가를 해줬으면 할 때는 그 사실을 전달해야 합니다. 이때 상대의 자기중요감을 충족시키면서 지시를 하려면 구체적으로 어떻게 해야 할까요? 우선 지시하지 않고, 명령하지 않아야 합니다.

어쩌면 '뭐라고? 그래서는 내 의도가 전달되지 않을 텐데… 지시하지 않고 어떻게 사람을 움직이란 거야?'라고 생각할지도 모릅니다. 안심하세요. 지금부터 명령하지 않고 상대방 스스로 내가 원하는 대로 행동하게 하는 방법을 소개하겠습니다.

인간은 남이 시킨 것보다 스스로 해야 한다고 깨달은 것을 우선으로 실천하는 성질을 가지고 있습니다. 따라서 지시하지 않고 누군가를 움직이려면 그에게 조언을 구하면 됩니다.

지시하고 싶은 일에 대해서 상대방에게 '이럴 때는 어떻게 하면 좋을지 같이 생각해줬으면 좋겠다'고 말해봅시다. 이렇게 하면 청자는 화자가 자신에게 의지하고 있다고 생각해 자기중요감을 충족시킵니다. 자기중요감이 충족되면 그 일에 책임감이 싹트고 자세도 적극적으로 변화하지요. 미국 일리노이대학교의 실험에 따르면 누군가가 "이걸 해!"라고 명령했을 때보다 "부탁해도 될까?"라고 의문형으로 말했을 때 평균 1.5배 정도 성과가 올라간다고 합니다. 의문형을 적절하게 사용해 조언을 구함으로써 상대의 행동을 컨트롤할 수 있다는 뜻입니다.

그렇다면 이 대화법을 어떤 식으로 구사하면 좋을까요? 예를 들어보겠습니다. 어느 날 할머니가 손주에게 보낸 생일 선물이 도착했습니다. 아이가 감사 전화를 걸게 만들고 싶다면 어떻게 해야 할까요? 물론 "선물을 받았으니 감사 전화를 해라"는 명령이기 때문에 안 됩니다.

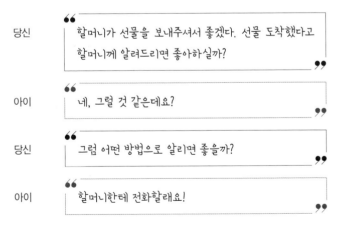

당신 "할머니가 선물을 보내주셔서 좋겠다. 선물 도착했다고 할머니께 알려드리면 좋아하실까?"

아이 "네, 그럴 것 같은데요?"

당신 "그럼 어떤 방법으로 알리면 좋을까?"

아이 "할머니한테 전화할래요!"

이것이 상대방에게 조언을 구해서 내 의도대로 움직이게 하는 방법입니다. 그런데 이런 의문이 들지도 모릅니다. 상대에게 조언을 구했는데 전혀 생각지도 못한 아이디어를 내놓거나 말도 안 되는 제안을 해오면 어떻게 해야 할까요? 그렇게 되지 않으려면 조언을 구할 때 내가 의도한 정답에 도달할 수 있는 힌트를 담은 질문을 하면 됩니다. 힌트를 구체적으로 그려볼 수 있도록 방금 예로 든 대화를 다시 한 번 가져와보겠습니다.

당신 **할머니가 선물을 보내주셔서 좋겠다. 선물 도착했다고 할머니께 알려드리면 좋아하실까?**

아이 **네, 그러실 것 같은데요?**

당신 **그럼 어떤 방법으로 알리면 좋을까?**

아이 **다음에 만나면 고맙다고 말할래요. (내 의도와 다른 답이 나왔다.)**

당신 **그것도 좋지. 그런데 지금 바로 할 수 있는 일은 없을까? (힌트를 담은 질문을 한다.)**

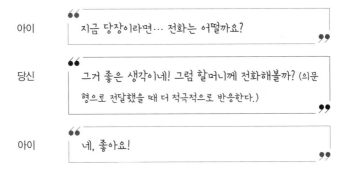

| 아이 | 지금 당장이라면… 전화는 어떨까요? |

| 당신 | 그거 좋은 생각이네! 그럼 할머니께 전화해볼까? (의문형으로 전달했을 때 더 적극적으로 반응한다.) |

| 아이 | 네, 좋아요! |

조언을 구하는 대화법을 익히면 듣는 사람이 내 의도대로 움직일 뿐만 아니라 '이걸 하고 싶다!'는 의지가 생겨 커뮤니케이션이 상당히 즐거워집니다.

오늘부터 후배, 직장 동료, 자녀, 배우자, 연인, 학생, 고객 등과 대화할 때 지시나 명령 대신 조언을 구해봅시다. 그리고 의도한 대답이 돌아오도록 질문을 반복하거나 힌트를 줍시다. 설령 상대가 내 생각대로 반응하지 않더라도 질문을 거듭하세요. 사람은 스스로 깨달아야 움직입니다.

이 대화 방법은 강한 끈기를 요구합니다. 하지만 동시에 대화에 참여한 모든 사람을 기분 좋게 만드는 방법이기도 합니다. 게다가 장기적으로 보면 이렇게 해야 주위에 내가 원하는 대로 스스로 생각하고 움직이는 사람들이 늘어나게 됩니다. 당신과 함께 일하는 것뿐만 아니라 당신과 함께 있는 것 자체가 유쾌하다고 생각하는 사람이 많아지면 당연히 인기도 높아집니다. 다른 사람에게 호감을 주는 커뮤니케이션을 하는 데 가장 필요한 것은 어쩌면 인내심일지도 모르겠네요.

제9장

어떤 대화든 성공시키는
경청의 비밀

눈을 바라보면 관계가 달라진다

━━━━━ 한 번 상상해봅시다. 카페에서 친구와 마주 보고 앉아 있습니다. 처음에는 즐겁게 대화를 나누고 있었는데 화제가 최근 당신에게 생긴 일로 바뀌자 친구가 스마트폰을 만지작거리기 시작했습니다. 그 뒤로도 친구는 스마트폰에서 눈을 떼지 못합니다. 당신이 무슨 말을 하면 대답은 하는데 얼굴을 쳐다보지 않습니다. 그리고 화제가 친구의 이야기로 전환되자 스마트폰을 내려놓고 고개를 들더니 당신을 바라보며 이야기하기 시작했습니다.

이때 어떤 기분이 들까요? 결코 기분이 좋지는 않을 겁니다. 회의나 발표 등 사람들 앞에서 이야기를 하는데 아무도 쳐다보지 않는다면 어떨까요? 쓸쓸하고 슬프고 당황스럽겠지요. 아무도 나를 주목하지 않는다는 사실 때문에 자기중요감을 잃고 만 겁니다.

이야기를 듣는 자세에 따라 상대의 자기중요감을 충족시킬 수도 있고 잃게 할 수도 있습니다. 그렇다면 당신을 소중하게 생각하고 있다는 마음이 전달되는 자세란 무엇일까요? 바로 눈을 보고 이야기를 듣는 겁니다.

다만 평범하게 눈을 보고 이야기를 듣는 것만으로는 부족하니다. 눈을 보고 고개를 끄덕이며 경청해야 합니다. 이때 고개를 끄덕이는 것이 매우 중요한 포인트입니다.

우리는 상대의 눈을 똑바로 바라보기를 주저합니다. 하지만 상대방 입장에서는 당신이 그와 눈을 맞추지 않으면 '나에게 관심이 없다'는 인상을 받게 됩니다. 누군가의 눈을 보는 것은 그 사람의 자기중요감을 채워주는 가장 효과적인 방법입니다.

나아가 고개를 끄덕이면 상대는 당신이 자신의 이야기를 경청하고 있다는 사실을 확인하게 됩니다. 그러면 '나는 남들이 내 말을 경청할 만한 존재다'라는 생각을 통해 자기중요감을 충족하게 됩니다.

반대로 상대가 내 눈을 보고 이야기를 들어주고는 있지만 전혀 고개를 끄덕이지 않는다면 어떨까요? '어? 혹시 내 이야기가 재미없나?', '내가 생뚱맞은 이야기를 하는 건가?' 하며 불안해집니다. 그리고 상대를 불안하게 만들면 당연히 자기중요감이나 안심감을 줄 수 없습니다.

상대의 이야기를 들을 때뿐만 아니라 당신이 이야기할 때도 상대의 눈을 바라보면 그의 자기중요감을 채워줄 수 있습니다. 상대가 스마트폰이나 신문에 시선을 고정하고 말을 걸면 어떤 기분이 들까요? 사람마다 다르겠지만 적어도 저 사람이 나를 소중하게 대하고 있다는 생각은 들지 않을 겁니다. 만약 당신이 말을 할 때 상대의 눈을 보지 않는다면 그것만으로도 사람들은 당신에게 매우 안 좋은 인상을 받게 됩니다.

이때 어떤 상황에서도 계속해서 상대의 눈을 바라보며 끄덕여야 합니다. 아무리 바빠도 하던 일을 멈추고 상대의 눈을 바라보고 고개를 끄덕이면서 이야기를 들어주세요. 당신 주변에는 이렇게 하는 사람이 몇 명이나 있나요? 만약 생각나는 사람이 한 손으로 꼽을 정도라면 출중한 존재가 될 기회가 많다는 뜻입니다. 이 책을 덮는 순간부터 눈 맞춤과 끄덕임을 바로 실천해보세요.

언제든 적절한 질문을 할 수 있는
청크 사이즈 컨트롤

남의 이야기를 잘 들어주는 사람은 다른 사람의 마음을 움직일 수 있을 정도로 신뢰받습니다. 그렇다면 이야기를 잘 듣는다는 것의 기준은 무엇일까요? 이야기를 잘 들어주는 사람이 하는 대화를 살펴보면 보통 상대방의 말이 80퍼센트, 본인의 말이 20퍼센트로 구성돼 있다고 합니다.

왜 상대가 더 많이 말하게 하는 것이 좋을까요? 누군가 자기 이야기를 들어주기만 해도 자기중요감이 충족되기 때문입니다. 그래서 이야기를 잘 들어주는 사람 곁에는 항상 사람들이 모입니다.

여기서 잘 들어준다는 것은 단순히 이야기를 듣기만 하는 것이 아닙니다. 상대가 자신의 이야기를 하도록 자연스럽게 유도하는 것도 포함됩니다. 그러려면 상대방에게 질문을 던져야 합니다.

질문을 받으면 대화가 시작됩니다. 이때 대화의 주도권을 쥐고 있는 사람은 질문을 하는 사람입니다. 대화의 도착지는 질문에 의해서 결정되기 때문입니다.

그런데 무슨 질문을 하면 좋을지 몰라서 난감한 경우도 있겠지요. 이런 상황에 대비해 이야기를 나눌 주제에 대해 미리 조사해야겠다고 생각했다면 여기 더 좋은 방법이 있습니다. 대화의 흐름을 타고 질문이 차례로 자연스럽게 떠오르게 하는 겁니다. 이를 '청크 사이즈 컨트롤'chunk size control이라고 합니다.

청크 사이즈 컨트롤에서 청크chunk란 '덩어리'를 뜻합니다. 청크 사이즈 컨트롤은 대화의 덩어리를 조절하는 것이지요. 대화의 덩어리는 '지금 이야기하는 주제가 어느 정도 규모의 그룹에 대한 이야기인가'에 따라 나눌 수 있습니다.

구체적인 예를 들어 설명해보겠습니다. 제가 당신에게 "어떤 동물을 좋아하세요?"라는 질문을 던졌다고 해봅시다. 이때 화제는 '좋아하는 동물'이라는 덩어리입니다. 당신은 "저는 고양이를 좋아해요"라고 대답했습니다. 여기서 화제는 좋아하는 동물이라는 덩어리에서 '고양이'라는 한 단계 작은 덩어리로 옮겨갔습니다. 주제의 폭이 좁아졌지요. 이를 '청크 다운'chunk down이라고 합니다. 그러면 한 단계 더 청크 다운해봅시다.

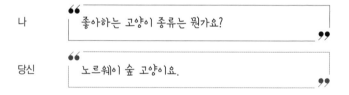

| 나 | 66 좋아하는 고양이 종류는 뭔가요? 99 |
| 당신 | 66 노르웨이 숲 고양이요. 99 |

화제가 고양이에서 더 작은 덩어리인 '고양이의 종류'로 옮겨갔습니다.

이런 청크 다운과는 반대로 작은 덩어리를 큰 덩어리로 만드는 것을 '청크 업'chunk up이라고 부릅니다.

당신	노르웨이 숲 고양이라는 종이 있는데, 저는 이 고양이를 아주 좋아해요.
나	동물을 좋아하시나 봐요. 그럼 동물 외에는 또 뭘 좋아하세요?

이야기의 덩어리가 커졌다는 사실을 알 수 있을 겁니다.

청크 다운과 청크 업 외에도 이야기를 같은 규모로 굴리는 '청크 슬라이드'chunk slide라는 테크닉도 있습니다.

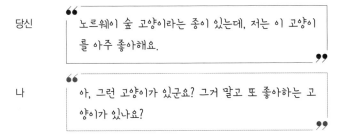

당신	노르웨이 숲 고양이라는 종이 있는데, 저는 이 고양이를 아주 좋아해요.
나	아, 그런 고양이가 있군요? 그거 말고 또 좋아하는 고양이가 있나요?

고양이의 종류라는 같은 덩어리로 대화가 이어지고 있습니다.

청크 사이즈 컨트롤을 사용하면 상대방에게 어떤 질문을 할지 몰라 막막할 일이 없습니다. 사전에 질문을 준비해둘 필요도 없습니다. 이를 자연스럽게 대화에 녹여낼 수 있도록 오늘은 한 번이라도 좋으니 청크 다운시키는 질문을 해봅시다. 내일은 청크 업시키는 질문을 해보고 모레는 청크 슬라이드시키는 질문을 해봅시다. 일단 실제로 기술을 사용해봐야 능숙해집니다.

단, 사람의 마음을 움직이는 대화의 본질은 어디까지나 상대의 자기중요감을 채우는 데 있습니다. 따라서 어떤 식으로든 상대방이 많이 이야기하게 만들 수만 있다면 굳이 청크 사이즈 컨트롤을 사용할 필요가 없습니다. 대화 기술만 생각하다가 본질을 잊어버리지 않도록 주의합시다.

과하다 싶을 만큼 적극적으로 감정을 표현하라

━━━━━━ 사랑받는 사람들은 대부분 풍부하게 감정을 표현합니다. 예를 들어 당신이 직장에서 성과를 올리고 그 사실을 상사에게 보고했다고 해봅시다. "잘됐네, 수고했어"라고 하는 것과 "오오! 드디어 해냈군! 진짜 대단한데?"라고 하는 것 중 무엇이 더 기쁠까요? 감정을 더 많이 표현한 후자일 겁니다. 진심으로 기뻐하

고 있다는 느낌을 주지요. 이렇게 감정을 크게 표현하면 상대의 자기중요감을 채울 수 있습니다.

인간은 무의식적으로 남들의 반응을 신경 씁니다. 물론 이는 어른에게만 해당하는 것이 아닙니다. 아이가 부모에게 "오늘 학교에서 이런 일이 있었어!"라고 이야기하거나 "엄마, 이것 좀 봐!"라고 말하는 것도 마찬가지입니다. 부모의 관심을 끌고 싶은 마음이 기저에 깔려 있지요.

반대로 '이 소식을 들으면 기뻐하겠지?'라고 기대하며 말했는데 듣는 사람의 반응이 시큰둥하면 서운함을 느끼게 됩니다. 이런 경험은 누구나 한 번쯤은 있을 겁니다. 이 실망감은 원하던 반응을 얻지 못한 데서 옵니다. 반대로 자신이 기대했던 것 이상의 반응을 얻으면 기분이 더 좋아지고 상대방을 기쁘게 했다는 생각에 자기중요감도 커집니다.

사람은 좋은 반응을 얻으면 그것을 또 경험하고 싶어 같은 행동을 반복하게 됩니다. 따라서 당신이 감정을 풍부하게 담아 반응할수록 당신을 더욱 기쁘게 만들고 싶어 하는 사람과 당신에게 좋은 소식을 전하기 위해 애쓰는 사람이 늘어날 겁니다. 그리고 당신의 영향력과 사람을 움직이는 힘은 절대적인 것이 되겠지요.

감정을 드러내는 게 부끄럽다고요? 상사, 부하 직원, 동료, 친구, 연인, 가족 등 일상에서 자주 마주치는 사람에게 이메일이나 메신저 등으로 감정 표현을 시도해보면 어떨까요? 문자 메시지를 주고받을 때도 감정을 풍부하게 보여주면 같은 효과를 볼 수 있습니다. 저 역시 제 직원이나 고객이 좋은 소식을 들려주면 "오오, 진짜 대단한데? 벌써 했다고? 빠르네!", "정말요??? 진짜 대단하네요!!!" 하는 식으로 감정을 듬뿍 담아 답장을 하고는 합니다.

제10장

변화에 민감한 사람이
커뮤니케이션을 지배한다

상대의 변화를 눈치채라

■■■■■■■ 머리 모양을 바꾸거나 새 옷을 입었을 때, 메이크업에 변화를 줬을 때 누군가가 알아줬으면 싶었던 적이 한 번쯤 있을 겁니다. 나의 변화를 눈치채주는 행동은 상대가 나를 관심을 가지고 지켜본다는 생각을 들게 합니다. 나아가 상대가 나를 소중하게 여긴다는 것을 실감하게 돼 자기중요감이 높아지지요. 따라서 주위의 변화를 빨리 눈치챌수록 인기를 얻을 수 있을 뿐만 아니라 영향력까지 가질 수 있습니다.

그런데 사람들의 변화를 눈치채는 것이 그리 쉬운 일은 아닙니다. 주위를 유심히 살피고 꾸준히 관심을 갖지 않으면 무엇이 바뀌었는지 알아보기 쉽지 않지요. 따라서 평상시에 다른 사람의 변화를 알아차리겠다고 의식하며 생활하는 것이 중요합니다.

더 나아가서 스스로 '나는 타인의 변화를 금세 알아차리는 사람이다'라는 자기 평가를 내려야 합니다. 그게 무슨 상관이냐고요? 중요한 이유가 있습니다. 스스로에게 어떤 평가를 내리느냐에 따라서 인식하는 정보가 달라지기 때문입니다.

우리의 뇌는 나에게 중요한 정보만을 인식합니다. 그렇기 때문에 자기 자신을 타인의 변화를 잘 알아차리는 사람이라고 여기면 그것만으로도 뇌가 자동으로 다른 사람의 달라진 부분을 알아차리고 이를 인식시켜줍니다. 반대로 타인의 변화에 민감해야 좋다는 생각이 애초에 없으면 뇌는 다른 사람의 달라진 부분에 대한 정보를 그냥 지나쳐버리게 됩니다. 이러한 뇌의 메커니즘을 제대로 활용하려면 우선 '나는 다른 사람의 변화를 금세 인지하는 사람이다'라고 자기 평가를 내려야 합니다.

변화를 예측하는 방법

━━━━━━ 주위 사람의 변화를 더욱 확실하게 발견하고 인기를 얻는 방법이 있습니다. 바로 무엇을 알아차릴지를 미리 정해두는 겁니다.

사람들이 어떻게 달라졌는지 눈치채겠다는 결심만으로는 해야 할 일의 범위가 너무 넓고 모호합니다. 언제, 어떤 변화가 일어났는지까지는 알기가 어렵지요. 하지만 무엇을 알아차릴지를 사전에 정해놓으면 변화를 예측할 수 있습니다. 그리고 짐작해둔 사건

이 일어났을 때 금방 인지할 수 있지요.

감이 잘 잡히지 않는다고요? 일단 다음 두 가지 관점에서 생각해봅시다. 우선 내 입장에서 다른 사람이 알아차려주면 기쁠 것 같은 변화는 무엇인가요? 직장 동료, 친구, 연인, 배우자 등이 나의 이런 달라진 점을 인지하면 좋겠다 싶은 것이 있는지 생각해봅시다. 그다음 주변 사람들을 떠올려보고 그가 어떤 변화를 눈치채주면 기뻐할지 생각해봅시다.

Q. 나의 어떤 면이 변화했을 때 다른 사람이
알아차려주면 기쁠지 생각해봅시다.

어떤 변화를 떠올렸나요? 머리 모양을 바꾸거나 염색을 했을 때, 새 옷을 입었을 때, 새로 산 넥타이를 맸을 때, 새로 산 구두를 신었을 때, 가방을 바꿨을 때, 다이어트에 성공했을 때, 네일아트를 받고 왔을 때 등이 있겠지요. 또는 컨디션이 안 좋을 때, 평소답지 않게 표정이 어두울 때, 기운이 없어 보일 때, 고민거리가 있을 때, 지금까지 못 했던 일을 할 수 있게 됐을 때 등도 있을 겁니다. 앞으로 한 달 동안 주변 사람의 어떤 변화를 알아차릴지를 정

해보고 그 변화가 일어났을 때 칭찬하거나 걱정하는 말을 건네봅시다.

단, 이때 반드시 지켜야 할 두 가지 규칙이 있습니다.

① 상대방이 숨기고 싶어 하는 부분은 건드리지 않는다.
② 상대방이 칭찬받기를 바라는 부분, 신경 써주기를 바라는 부분에 초점을 맞춰서 칭찬한다.

아무리 변화를 눈치챘다고 하더라도 상대방이 불쾌해할 만한 부분은 건드려서는 안 됩니다. 상대방이 '요즘 살이 좀 쪘나?' 하며 신경을 쓰고 있는데, 걱정한답시고 "어? 체중이 좀 늘어난 것 같은데요?"라며 무신경한 말을 던지는 것은 부정적인 인상을 줄 수 있습니다.

나아가 같은 주제라도 그 변화에 대해 남들이 알아주기를 바라는 사람과 눈치채지 못하기를 바라는 사람이 있다는 사실도 염두에 둬야 합니다. 상대의 달라진 점을 발견하고 말을 걸기 전에 '내가 이 변화를 알아차리고 상대방을 칭찬하거나 걱정해주면 기뻐할까?'를 반드시 먼저 확인해야 합니다.

상대가 울적할 때 말을 걸자

━━━━━━ '아, 이 사람이 곁에 있어서 다행이다'라고 느꼈던 적이 있나요? 어떤 순간에 이런 생각을 하게 될까요? 물론 다양한 상황이 있을 테지만 다음 두 가지 중 골라봅시다.

> A: 컨디션이 좋아서 한창 성과를 올리고 있을 때 "힘이 돼줄게!"라고 말하는 사람
>
> B: 컨디션이 좋지 않을 때, 우울해하고 있을 때, 생각처럼 역량을 발휘하지 못하고 성과도 올리지 못하고 있을 때 "힘이 돼줄게!"라고 말하는 사람

많은 사람이 B라고 답할 겁니다. 그 이유는 무엇일까요? 바로 청자가 안심감과 자기중요감을 잃고 있는 상황이기 때문입니다. 이때 위로를 건네면 상대방은 '이런 상황에서도 이 사람은 나를 신경 써주는구나', '항상 내 편이 돼주는구나' 하고 안심감을 느끼고 '나는 누군가가 걱정해줄 만한 존재구나' 하며 자기중요감을 충족시킬 수 있습니다.

주변 사람이 평소와 다른 분위기를 풍기거나 SNS에 왠지 기분이 안 좋아 보이는 글을 올렸다면 '걱정하고 있다', '나는 당신에게 신경을 쓰고 있다'는 메시지를 보내보세요. 당신에게 감사의 마음을 가지고 당신을 신뢰하게 될 겁니다. 특별한 변화를 알아차리지는 못하더라도 울적한 사람에게 "요즘 어떻게 지내?"라는 말만 건네도 그는 당신을 매력적으로 느끼게 됩니다.

제11장

대화에도
신선도가 있다

감사의 타이밍

━━━━━ 우리는 언제나 사람들에게 도움을 받습니다. 누군가 도와줬을 때 그에게 '고맙다'는 인사를 건네는 것은 당연한 일입니다. 누구나 감사의 말을 들으면 자기중요감이 충족됩니다.

도움을 받았을 때 외에도 고마운 마음을 전달할 기회는 얼마든지 있습니다. 여기서 간단한 테스트를 하나 해보겠습니다. 지금부터 1분 동안 누군가에게 고맙다는 말을 할 만한 상황을 적어보시기 바랍니다. 준비, 시작!

Q. 누군가에게 고맙다는 말을 언제 할 수 있는지 적어봅시다.

몇 가지나 적었나요? 10개 이상 적었다면 훌륭합니다. 이미 주위 사람들에게 두터운 신뢰와 존경을 얻고 있겠군요. 7~9개를 적었다면 우수한 편입니다. 조금만 더 노력하면 영향력 있는 사람이 될 수 있습니다. 5~6개를 적었다면 평균입니다. 앞으로 이 책의 내용을 실천하면 인기와 영향력을 금방 얻을 수 있습니다. 5개 미만이라면 이 책을 만나서 정말로 운이 좋았다고 생각합시다.

그런데 사실 답변의 개수만 중요한 것은 아닙니다. 감사의 마음을 표할 때 말에 이것이 빠져 있으면 진심이 전혀 전달되지 않습니다. 오히려 당신에 대한 평가가 안 좋아질 수도 있지요. 이것은 바로 '적절한 타이밍'입니다.

감사에는 신선도가 있습니다. 예를 들어 당신이 친구 생일에 꽃을 보낸다고 해봅시다. 꽃이 그날에 딱 맞춰 배송되도록 며칠 전에 주문해뒀습니다. 친구가 퇴근하고 집에 도착하자마자 받을 수 있도록 시간도 지정해놨습니다.

드디어 친구의 생일 당일, 곧 꽃이 도착할 시간입니다. 이때 당신은 어떤 마음이 들까요? '슬슬 도착할 때가 됐는데?', '집에 돌아와서 잘 받았을까?', '기뻐했을까?' 같은 마음이 들 겁니다. 그런데 늦은 밤이 돼도 친구에게 연락이 없습니다. 다음 날도 마찬가지입니다.

그렇게 한 달이 지났습니다. 그 친구와 오랜만에 만났는데 그 제야 "그러고 보니 내 생일에 꽃 보내준 거 고마웠어!"라고 말합니다. 솔직히 어떤 기분이 들까요?

'고맙다는 말을 들으려고 선물한 것도 아니니까 한 달 뒤에 말하든 언제 말하든 상관없다'고 말하는 쿨한 사람도 물론 있겠지요. 하지만 왠지 모르게 서운한 기분이 드는 사람도 분명 있을 겁니다. 감사에 신선도가 있다는 말은 이런 뜻입니다.

고맙다는 말 한 마디는 듣는 사람의 기분을 좋아지게 만듭니다. 그러나 아무리 감사하다는 말도 때를 놓치면 오히려 듣는 사람의 기분을 상하게 할 수 있습니다. '큰마음 먹고 꽃을 보냈는데 한 달 뒤에야 고맙다고 하다니 어이가 없네'라며 불쾌해할 수도 있지요.

앞서 인간은 무의식적으로 다른 사람의 반응을 신경 쓴다고 했던 것 기억나나요? 반응을 잘하는 사람은 남을 기쁘게 만들 줄 아는 사람입니다. '이렇게 하면 상대방이 기뻐할까?' 하고 걱정했는데 실제로 상대방이 기뻐해주면 우리의 뇌는 '내가 그 사람을 기쁘게 했다'고 인식하게 되고 자기중요감이 충족됩니다. 누군가에게 감사의 마음을 전해야 한다면 당장 이 책을 덮고 아직 그 말이 신선할 때, 상대가 기대한 타이밍에 이야기하기 바랍니다.

인생을 바꾸는 긍정적인 소문의 힘

▬▬▬▬▬▬ 대화술과 관한 책들을 보면 '당사자가 없는 자리에서 그를 칭찬하라'는 말이 자주 나옵니다. 그 말에도 일리는 있습니다. 앞서 이야기한 오하이오주립대학교의 실험에 따르면 "타인에 관한 긍정적인 소문을 많이 낼수록 소문의 대상은 말하는 사람에게 친밀감을 느낀다"는 것이 밝혀졌습니다. 여러 사람 앞에서 칭찬을 받았다는 사실이 '나는 칭찬을 받을 만한 존재다'라고 느끼게 해주기 때문입니다. 또한 당사자가 없는 자리에서 칭찬을 했다는 점이 아부하려는 의도가 없었다는 인상을 줘서 칭찬의 대상은 그 칭찬을 진심으로 받아들이게 되지요. 사람의 마음을 움직이는 사람은 이런 비밀 칭찬을 매우 잘합니다.

그렇다면 당사자가 없는 자리에서 칭찬하는 것만으로 충분할까요? 그건 별개의 문제입니다. 감사에 신선도가 있듯 칭찬에도 신선도가 있습니다. 따라서 상대방이 칭찬받기를 원할 때 직접 칭찬의 말을 건네는 것이 좋습니다.

상상해봅시다. 당신이 회사에서 큰 계약을 성사시켰습니다. 이 사실을 상사에게 보고했더니 아무런 칭찬도 해주지 않았습니다. 그리고 나중에 동료에게 "네가 자리로 돌아간 뒤에 부장님이 너를 칭찬하시더라"라는 말을 전해 듣는다면 기분이 어떨까요? 물론 기쁘기는 하겠지만 '기왕 할 거면 그때 얼굴 보고 칭찬 좀 해주지!' 하는 아쉬운 마음이 들 겁니다. 적절한 때 직접 칭찬을 해주지 않으면 아무리 비밀 칭찬을 하더라도 좋은 의도가 퇴색되고 맙니다.

칭찬의 효과를 극대화시키려면 우선 상대가 칭찬해주기를 바라는 타이밍에 칭찬해주고 그 뒤에 비밀 칭찬을 해야 합니다. 이 단계를 지키면 다른 사람들의 마음을 얻게 될 겁니다.

- 사람들의 자기중요감을 충족시켜주면 그들의 마음을 움직이고 인기를 얻을 수 있다.

- 상대의 이름을 기억하고 의식적으로 불러주자.

- 상대방의 정보를 기억했다 적절한 시점에 아는 척하자.

  ① "오늘 생일이죠? 축하드려요"와 같이 생일에는 반드시 축하 인사를 전하자.

  ② "지난번에 이걸 좋아한다고 하셨죠?"와 같이 취향, 취미, 고향 등을 알고 있다는 사실을 자연스럽게 드러내자.

  ③ 입사, 승진, 수상 등 상대방에게 축하의 말을 건네면 좋아할 만한 일이 생기면 소소하게라도 축하하자.

  ④ 상대방을 겁주거나 불쾌하게 만들 수 있는 정보를 이야기하지 않았는지 항상 주의하자.

- 지시와 조언을 할 때는 항상 신중하게 해야 한다.

① 칭찬하기 → 조언하기 → 칭찬하기 대화법을 사용하자.

② 칭찬은 여러 사람 앞에서 하고 지적은 단둘이 있을 때 한다.

③ "이럴 때는 어떻게 해야 할까?"와 같이 상대에게 조언을 먼저 구하면 내가 원하는 바를 자연스럽게 전달할 수 있다.

- 사람은 누군가 자기 이야기를 들어줬을 때 자기중요감이 충족된다. 질문으로 대화의 주도권을 쥐고 상대방이 이야기하게 만들자.

① 청크 다운: 화제의 덩어리를 줄여서 이야기를 지속하는 방법

② 청크 업: 화제의 덩어리를 키워서 이야기를 지속하는 방법

③ 청크 슬라이드: 비슷한 화젯거리를 가져와서 이야기를 지속하는 방법

- 상대의 이야기에 감정을 충분히 표현해주자. 당신의 반응이 상대의 자기중요감을 채워줄 것이다.

- 변화에 민감한 사람이 커뮤니케이션에도 능하다.

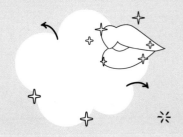

① "머리 모양이 바뀌었네요"와 같이 주변 사람들의 변화를 알아차리고 언급하자.

② 스스로 다른 사람의 변화에 민감한 사람이라고 생각하고 주변 사람의 어떤 변화를 눈치챌지를 미리 정해놓자.

③ 평소보다 컨디션이 좋지 않아 보이는 지인이 있다면 "요즘 힘들어 보이는데 괜찮아?"와 같이 말을 걸자.

• 감사와 칭찬에는 신선도가 중요하다는 사실을 명심하자.

• 타인에 대한 좋은 소문을 퍼트리자.

제4부

싸우지 않고
원하는 것을
얻는 방법

현명한 사람, 인기 있는 사람, 영향력 있는 사람은 대화에서 스스로의 자기중요감을 찾는 것보다는 다른 사람을 성장시키고 그 사람의 마음을 움직이는 일을 우선으로 삼습니다. 그래서 상대가 엉뚱한 발언을 하더라도 그가 내놓은 답을 정정하지 않습니다. 그것이 상대의 자기중요감에 상처를 입힌다는 사실을 알고 있기 때문입니다.

제12장

어떤 상대라도
원하는 대로 움직이는
네 가지 규칙

사람의 마음을 얻는 네 가지 규칙

━━━━━━ 인간은 대화를 나누는 상대가 자신의 말을 이해하지 못하면 자기도 모르게 그의 생각을 정정하고 싶어집니다. 다음과 같은 메커니즘이 발동해서 자기중요감이 손상됐다고 느끼기 때문입니다.

① 내가 말한 내용을 상대가 인식하지 못했다.

② 상대가 나를 중요하게 생각하지 않는다.

③ 내 존재를 부정당하고 싶지 않다. 상대의 잘못을 지적해서 내 존재 의의를 확립해야겠다.

그런데 현명한 사람, 인기 있는 사람, 영향력 있는 사람은 이런 상황에서 자기중요감을 되찾는 것보다는 상대방을 성장시키고 그 사람의 마음을 움직이는 일을 우선으로 삼습니다. 그래서 상대가 엉뚱한 발언을 하더라도 그가 내놓은 답을 정정하지 않습니다. 그것이 상대의 자기중요감에 상처를 입힌다는 사실을 알고 있기 때문입니다.

이런 원리에 따라 어떤 상대든 내가 원하는 대로 움직이게 만드는 네 가지 규칙이 있습니다. '스스로 깨닫게 한다', '감정적으로 대응하지 않는다', '정답을 먼저 말하지 않는다', '정정하지 않는다'가 바로 그것입니다.

이 네 가지 규칙을 평소 대화할 때 세트로 활용하면 신뢰를 얻는 수준을 뛰어넘어 주위에 많은 사람이 모이게 됩니다. 또한 이들은 당신 편에 서서 당신을 위해 해줄 수 있는 일이 없는지를 나서서 찾아줄 겁니다.

첫 번째 규칙, 스스로 깨닫게 하기

━━━━━ 뛰어난 리더가 되고 싶거나 사람들을 자신의 편으로 만들고 싶다면 반드시 다른 사람이 스스로 깨닫게 만드는 기술을 마스터해야 합니다.

나의 의도를 상대에게 직접 말로 전해서 움직이게 하는 사람과 평범한 대화를 나누며 내 의도를 상대방이 스스로 깨닫고 움직이게 하는 사람 중 누가 더 호감을 얻을까요? 후자입니다.

어떤 방법으로 사람을 움직이느냐에 따라 결과는 매우 달라집니다. 후자의 방법을 다양한 상황에 응용할 수 있게 되면 주위 사람들이 내가 원하는 대로 스스로 움직일 뿐만 아니라 평소 어깨를 무겁게 짓누르던 부담감이 놀랄 만큼 줄어듭니다. 동시에 상대방은 당신과 함께함으로써 자신이 성장하고 있다는 사실을 깨닫고 당신에게 절대적인 신뢰를 보내게 됩니다.

그렇다면 사람들이 무언가를 스스로 깨닫게 만드는 메커니즘이 무엇인지 밝혀보겠습니다. 일단 당신의 일상부터 돌이켜봅시다. 평소 누구에게 언제 조언이나 지시를 하나요?

Q. 당신은 평소 어떤 상황에서 누구에게 조언이나 지시를 합니까?

다양한 대답이 나왔을 겁니다. 회사의 관리직으로서 부하 직원에게 지시를 내릴 수도 있고 부모로서 아이에게 조언을 할 수도 있겠지요. 교사로서 학생에게 조언을 하거나 친구나 가족, 연인이 상담을 요청했을 수도 있을 겁니다.

실제로든 아니든 누군가에게 조언이나 지시를 내리는 상황을 머릿속으로 자주 그려보는 게 중요합니다. 이런 상황을 미리 상상해보면 당신의 뇌는 '내가 배운 대화법을 현실에서 어떻게 활용할 수 있을까?'를 생각하게 됩니다. 그 결과 이 책에서 얻은 지식을 일상에서 사용할 확률이 높아져 삶이 변화할 겁니다.

여기서 한 가지 질문을 더 해보겠습니다. 반대로 누군가에게 조언을 들었을 때 선뜻 따라 하고 싶어지는 경우는 언제인가요?

A: 상대가 생각한 방법을 따라 하라는 말을 들었을 때

B: 스스로 생각한 방법을 이야기했더니 "그렇게 해봐"라는 말을 들었을 때

단순하게 A와 B 중 어떤 상황에서 더 의욕이 생길지를 생각해보세요. 둘의 결과가 같다고 가정한다면 당연히 스스로 생각한

방법을 실행할 수 있는 B를 선호할 겁니다. 저에게 상담을 하러 온 고객들에게 이 질문을 던지면 대부분이 B라고 대답합니다.

왜 B를 선택하는 걸까요? 예상했겠지만 자기중요감 때문입니다. A처럼 상대의 의견에 따르는 것은 듣는 사람으로 하여금 무의식적으로 '내 생각은 부정당했다' 혹은 '내 생각은 들을 가치가 없다'라고 생각하게 만들 수 있습니다. 그러면 자기중요감이 제대로 충족되지 않겠지요.

반면 B는 다릅니다. 자신이 생각한 방법에 허락을 받았지요. 이는 "당신에게 찬성합니다"라는 말을 들은 것과 마찬가지입니다. 그렇게 자기중요감이 충족됐기 때문에 청자는 더 적극적으로 행동에 옮기게 됩니다.

두 번째 규칙, 감정적으로 대응하지 않기

━━━━━ 조언이나 지시를 해야 할 상대가 스스로 생각한 방법이 반드시 적확하다는 보장은 없습니다. 상담해주고 있는 당신 입장에서는 '그 방법으로는 해결이 안 될 것 같은데…' 혹은 '아니,

그것보다 훨씬 좋은 방법이 있는데…' 하고 답답할 때가 더 많을 겁니다. 이렇게 상대방에게서 예상과는 다른 대답이 돌아오거나 상대방이 자신의 실수를 알아차리지 못할 때 어떻게 당신이 진짜로 바라는 바를 깨닫게 만들 수 있을까요?

간단한 예를 들어 설명해보겠습니다. 당신이 부하 직원에게 거래처에 보낼 서류를 작성해달라고 했다고 해봅시다. 부탁하면서 "PDF 파일로 작성해서 내 메일로 보내줘요"라고 덧붙였습니다. 서류를 제출하라는 거래처의 안내 메일도 부하 직원에게 전달했습니다. 그 메일에도 PDF 형식으로 보내달라는 말이 들어가 있습니다. 며칠 후 부하 직원이 당신의 메일로 보낸 서류는 PDF 파일이 아니라 워드 파일이었습니다. 이럴 때 어떻게 PDF 파일로 다시 제출하라고 요구할까요?

"PDF 형식으로 보내주세요"라고 직접 말해도 업무에 별다른 지장은 없을 겁니다. 하지만 사람의 마음을 움직이는 대화법이라는 관점에서 접근하자면 상대방을 부정하는 일은 절대로 해서는 안 됩니다. "PDF로 제출하라고 했잖아요!", "거래처가 보낸 메일까지 전달했는데 제대로 확인도 안 했어요?" 같은 말로 상대를 부정하면 청자는 안심감을 잃고 자기중요감에도 상처를 입게 됩니다.

그러면 앞으로 당신을 위해 움직일 마음이 들지 않게 되겠지요.

상대방의 잘못을 스스로 깨닫고 고치도록 지시하려면 이렇게 질문하면 됩니다.

"이 자료를 워드 형식으로 달라고 했었나요?"

질문을 통해 상대를 부정하지 않으면서도 파일 형식을 스스로 확인하도록 유도했습니다. 이 질문을 받은 부하 직원은 자신의 실수를 스스로 깨닫고 재빨리 수정하겠지요. 또한 사전에 재확인할 기회를 얻었다는 안심감을 느낄 뿐만 아니라 자기중요감에 상처를 입지 않습니다.

단, 여기서 그치지 않고 상대가 실수를 깨달았을 때도 제대로 반응해야 합니다. 이때 역시 상대를 부정해서는 안 됩니다. "그것 봐요! 어쩐지 이상하다 했다니까요?", "정신 좀 차리고 다닙시다!", "큰일 날 뻔했네. 조심 좀 해요!" 등의 반응은 상대의 자기중요감에 상처를 줍니다.

여기서 중요한 것은 부하 직원이 자신의 실수를 이미 깨달았다는 사실입니다. 부하 직원은 어느 정도 반성을 하고 있고 동시에 상사인 당신이 화가 났을지 모른다는 두려움을 느끼고 있을 겁니다. 거기에 쐐기를 박는 말을 해서는 안 됩니다.

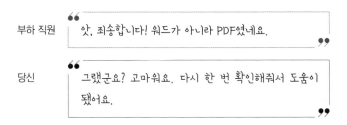

부하 직원 | 앗, 죄송합니다! 워드가 아니라 PDF였네요.

당신 | 그랬군요? 고마워요. 다시 한 번 확인해줘서 도움이 됐어요.

이것이 상대의 안심감과 자기중요감을 채워주는 반응입니다.

부하 직원은 실수한 부분을 지적받은 대신 잘한 부분(제출할 파일 형식을 다시 확인한 일)에 대해 감사 인사를 받았기 때문에 안심감과 자기중요감을 충족시켰습니다. 또한 당신이 실수를 해도 무조건 화부터 내지 않고 잘한 부분을 봐주는 사람이라는 사실도 깨달았습니다. 그러면 당신에 대한 안심감이 생겨 앞으로 당신이 하는 말에 귀를 기울이고 원하는 대로 움직여주게 될 겁니다. 이처럼 누군가에게 지시나 조언을 하고 싶을 때는 단순히 상대가 내가 원하는 바를 깨닫게 하는 것뿐만 아니라 상대가 문제를 알아차렸을 때 어떤 반응을 할 것인지도 함께 생각해야 합니다.

세 번째 규칙, 정답을 먼저 알려주지 않기

━━━━━━ 저에게 고민을 상담하는 관리자나 경영자들이 '부하 직원이 좀처럼 성장하지 않는다', '능동적으로 움직이지 않는다', '적극성이 없다'는 이야기를 하는 경우가 있습니다. 만약 이런 문제로 고민하고 있다면 당신이 상대방에게 정답을 떠먹여주고 있을 가능성이 있습니다. 즉, 앞서 말한 상대방 스스로 정답을 깨닫게 하는 대화와는 정반대로 소통하고 있다는 뜻입니다. 항상 당신이 나서서 정답을 알려주기 때문에 스스로 생각해서 움직이는 습관이 들지 않은 것이지요.

물론 누구나 내가 상대방에게 필요한 것이 있을 때 상대방이 곧바로 움직였으면 하는 마음이 있을 겁니다. 빨리 정답을 가르쳐 주고 할 일을 지시하는 방법이 문제를 처리할 시간을 단축할 수 있겠지요.

하지만 장기적으로 보면 항상 정답을 알려주기만 하면 당신 주변에는 아무것도 하지 않고 지시를 기다리는 사람만 남을 뿐입니다. 이 말은 아무리 시간이 지나도 지시를 내리는 일에서 해방될 수 없다는 뜻입니다. 반면 사람의 마음을 움직이는 영향력을 가진 사람은 그와 함께하는 것만으로도 왠지 모르게 의욕이 생기거나 기운이 샘솟게 합니다.

왜 그럴까요? 바로 청자가 '스스로 문제를 해결해보고 싶다'고 생각하게 해주기 때문입니다. 이들은 상대방에게 결정권을 줌으로써 고양감과 성취욕을 느끼게 만듭니다. '나도 할 수 있을 것 같다'는 긍정적인 생각은 자기중요감이 충족됐을 때 생겨납니다. 누군가가 내가 할 일을 하나부터 열까지 세세하게 지시하면 이런 생각이 전혀 들지 않지요.

'어떻게 하면 될까', '무엇을 해야 할까'에 대한 답을 스스로 찾아보게 만들면 상대방의 자기중요감이 자연스레 높아지고 당신과 함께 일하는 게 즐겁다고 느낄 겁니다. 누군가에게 지시를 내리거나 조언을 전할 때는 정답을 알려주지 않는 것과 스스로 깨닫게 하는 것을 반드시 함께 실행해야 합니다.

네 번째 규칙, 정정하지 않기

여기까지 읽으면 아마 걱정되는 부분이 있을 겁니다.

바로 '상대방이 내가 전혀 생각지도 못한 이야기를 하면 어떻게 해야 할까?'가 궁금하겠지요.

아무리 상대가 스스로 생각하기까지 기다려주기로 마음을 먹어도 상대의 발언이 얼토당토않으면 짜증이 나고 한숨이 나오기 마련입니다. 하지만 이럴 때 보통 사람들과는 다른 반응을 보이는 게 중요합니다.

예를 들어 당신이 부하 직원에게 회사에서 개최하는 이벤트를 공지하고 그 행사에 거래처 임원을 초대할 것을 지시했다고 가정해봅시다. 이때 당신은 개최일 한 달 전에 거래처에 안내장을 보내라고 요청했습니다. 마침내 이벤트 개최가 한 달 앞으로 다가와 부하 직원에게 진행 상황을 확인했습니다.

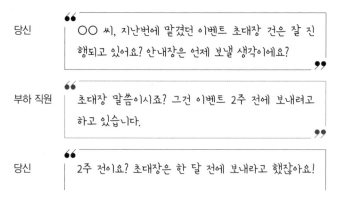

당신 ○○ 씨, 지난번에 맡겼던 이벤트 초대장 건은 잘 진행되고 있어요? 안내장은 언제 보낼 생각이에요?

부하 직원 초대장 말씀이시죠? 그건 이벤트 2주 전에 보내려고 하고 있습니다.

당신 2주 전이요? 초대장은 한 달 전에 보내라고 했잖아요!

> 상식적으로 생각해보세요. 2주 전에 초대를 받고 스케줄을 맞출 수 있을 거라고 생각해요? 그 정도는 알 거 아니에요? 지금 하는 업무는 일단 멈추고 지금 당장 초대장 제작부터 해요!

심하다 싶을 만큼 자기중요감을 손상시키는 발언을 연속으로 하고 있습니다.

이렇게 말하면 부하 직원은 마지못해 당신의 지시대로 움직일 겁니다. 당신에 대한 신뢰도와 충성심, 일에 대한 의욕은 높아지지 않겠지요. 이런 상황에서 '분명히 지시를 내렸는데 엉뚱한 소리를 하니까 상사가 화낼 만도 하다'고 생각할지도 모릅니다. 하지만 사람은 성장시켜야 합니다. 뭐라도 한 가지씩 할 수 있게 만들어야 나중에 손이 가지 않지요.

감정적으로 대응해서 상대의 자기중요감을 손상시키고 일에 대한 흥미를 잃게 만드는 것과 상대의 자기중요감에 상처를 입히지 않고 새로운 것을 해보자는 의욕을 북돋아 자생력을 길러주는 것 중 어느 쪽이 좋을지는 명백합니다. 후자가 당신을 존경받는 리더로 만들어주겠지요.

그렇다면 제대로 된 대응 방법은 무엇일까요?

당신	"〇〇 씨, 지난번에 맡겼던 이벤트 초대장 건은 잘 진행되고 있어요? 안내장은 언제 보낼 예정이에요?"

부하 직원	"초대장 말씀이시죠? 그건 이벤트 2주 전에 보내려고 하고 있습니다."

당신	"그래요? 2주 전이라… 왜 2주 전으로 정했죠? (한 달 전에 보내도록 지시했다는 사실을 깨닫게 하기 위해 질문한다.)"

부하 직원	"그냥 그 정도면 되지 않을까 싶어서요. (한 달 전에 보내도록 지시했다는 사실을 잊고 있다.)"

당신	"그렇군요. 제가 초대장 발송을 부탁했을 때 언제 보내라고 날짜까지는 말 안 했었나요? (지시하는 것이 아니라 상대방이 스스로 깨달을 수 있도록 인내심을 가지고 질문을 반복한다. 정답은 가르쳐주지 않는다.)"

부하 직원	"앗, 말씀하셨었나요? 저는 못 들었던 것 같은데…. (아직도 기억하지 못한다.)"

당신	"그래요? 그러면 이벤트에 거래처 임원들을 초대하려면 언제 안내하면 될 것 같아요?"

부하 직원	" 네, 저는 2주 정도 전에 보내면 될 것 같은데요? "

당신	" 그런가요? 그러면 이벤트에 거래처 임원들이 확실하게 참가하도록 하려면 얼마 전에 안내하면 좋을까요? 이 번에는 담당자가 아니라 임원들을 모시려고 하는 거 잖아요. 바쁘신 분들의 스케줄을 확보하려면 신중에 신중을 기해야 하지 않을까요? (상대가 깨닫지 못하고 있다는 사실을 부정하지 않는다. 상대방이 한 대답을 굳이 정정하지 않는다. 정답을 말하지 않는다. 끈기 있게 스스로 깨닫게 하는 질문을 던진다.) "

부하 직원	" 그러네요. 제가 생각해도 2주 전이면 이미 스케줄이 있다고 거절하실 가능성이 있을 것 같아요. 그러면 한 달 전에는 보내야 할 것 같은데요? (드디어 내가 원하는 대답이 뭔지 깨달았다.) "

당신	" 그렇죠? 저도 그럴 것 같아요. 지금이 딱 한 달 전이라 타이밍이 좋으니까 지금 빨리 보내줄래요? "

부하 직원	" 네, 알겠습니다! "

어떤가요? 이런 대화는 상당한 인내심이 필요하기 때문에 부하

직원이나 스텝, 후배에게 이렇게 커뮤니케이션을 하는 사람이 흔치는 않을 겁니다. 하지만 그렇기 때문에 이렇게 대응할 수만 있다면 당신은 남들과 비교할 수 없을 만큼 상대의 마음을 사로잡을 수 있지요.

제13장

기한은 상대방이 정하게 만들어라

사람을 움직이는 또 다른 필수 요소

━━━━━ 사람을 원하는 대로 움직이는 데 있어 필수적인 요소가 또 한 가지 있습니다. 바로 '기한 설정'입니다.

예를 들어봅시다. 제출 기한이 정해지지 않은 숙제가 있다면 어떨까요? 선생님은 "언제든 상관없으니 숙제를 하렴"이라는 말만 했을 뿐 숙제를 하라고 재촉하지도 않고 숙제를 하지 않았다고 벌을 주지도 않습니다. 과연 모든 학생이 제대로 숙제를 할까요? 아마 아닐 겁니다. 이래서는 극히 일부의 의욕이 넘치는 아이들만 숙제를 하겠지요.

사람은 기한이 정해져 있어야 움직입니다. 이와 관련해 미국 스탠퍼드대학교의 심리학자 아모스 트버스키Amos Tversky가 진행한 한 실험이 있습니다. 이 실험에서는 임의로 설문지를 만들어 학생들에게 나눠준 뒤 특별한 기한을 정하지 않고 '설문지에 답하면 사례비로 5달러를 주겠다'고 했습니다. 그 결과 설문지를 제출한 학생은 전체의 25퍼센트에 지나지 않았다고 합니다.

그렇다면 다른 사람에게 무언가를 의뢰하거나 지시할 때 원하는 결과물을 얻으려면 단순히 기한만 이야기하면 될까요? 사실 그것만으로는 충분하지 않습니다. 임의로 기한을 설정하는 게 때로 상대로 하여금 당신에게 불만을 품거나 의욕을 잃게 만들 수 있기 때문입니다.

또 다른 예를 들어봅시다. 당신이 회사에서 업무를 마치고 퇴근 시간이 다 돼 집으로 돌아갈 준비를 하고 있는데 갑자기 상사가 부르더니 "미안한데 이 자료 내일까지 정리해줄래요?"라고 하면 어떤 생각이 들까요? '내일까지'라는 기한이 설정돼 있기 때문에 시킨 일을 하기는 하겠지만 그 기한을 당신에게 묻기도 전에 상사가 마음대로 정해버렸기 때문에 기분 좋게 일하기는 어려울 겁니다. 어쩔 수 없이 꾸역꾸역 작업을 하겠지요.

그렇게 정해진 기한까지 작업을 겨우 끝냈다고 해도 성취감을 얻을 수 있을까요? 자기중요감이 채워질까요? '드디어 끝났다'는 안도감은 얻을 수 있을지 몰라도 그 이상으로 상사에 대한 불만이 커졌을 겁니다.

기한을 설정하는 것은 사람을 움직이는 데 중요한 역할을 합니다. 하지만 그 기한을 꼭 정하지 않아도 되는 경우에도 굳이 먼저 언급을 할 필요는 없습니다. 즉, 기한은 상대방이 정하게 하는 것이 가장 바람직합니다.

누가 정해놓은 기한과 스스로 정한 기한 중 어느 쪽을 더 긍정적으로 받아들이고 지키려고 할까요? 내가 원하는 대로 결정했으니 그 일정을 꼭 지켜야겠다고 생각하는 것이 인간의 자연스러운 심리입니다. 자기 의지로 데드라인을 만들면 억지로 시켜서 하는 느낌이 사라지기 때문입니다.

내가 원하는 기한을 상대가 설정하게 하는 방법

━━━━━ 어떻게 하면 상대가 스스로 기한을 정할까요? 상대가 원하는 일정을 알아내는 방법은 매우 단순해서 길게 설명할 것이 전혀 없습니다. 상대에게 "언제까지 할 수 있을 것 같아요?"라고 묻기만 하면 되니까요.

이때 상대방의 대답이 내가 생각한 기한과 다르다면 어떻게 해야 할지 궁금해졌을 겁니다. 예를 들어 당신은 일주일 안에 해주기를 바랐는데 상대는 이주일이 필요하다고 대답한다면 어떻게 대처해야 할까요? 이 방법도 간단합니다. 상대에게 다음과 같이 물으면 됩니다.

"다음 주 월요일에 있는 회의 때 사용할 건데 언제까지 자료를 만들 수 있을 것 같아요?"

이렇게 상대가 먼저 일주일이라고 대답할 수밖에 없도록 당신이 원하는 일정까지 그 일을 완성해야 하는 명확한 이유를 자세하게 덧붙여서 질문해보세요.

이 원리를 쉽게 설명해주는 사례가 하나 있습니다. 미국 하버드대학교에서 도서관의 복사기를 쓰고 있는 사람에게 먼저 복사기를 써도 되냐고 부탁하는 실험을 했습니다. 이 실험에서 진행자가 "죄송한데요. 다섯 장만 하면 되는데 먼저 복사 좀 해도 될까요?"라고 부탁했을 때는 질문을 받은 학생 중 60퍼센트만이 양보해줬습니다.

한편 같은 실험에서 "죄송한데요. 다섯 장만 하면 되는데 먼저 복사 좀 해도 될까요? 제가 좀 급해서요"라고 말했을 때는 무려 94퍼센트가 그 요구를 들어줬습니다. 별로 자세한 이유를 설명한 것도 아니었는데 말이지요. 사람은 부탁을 받았을 때 그것을 들어줘야 하는 이유를 알아야 협조적으로 나온다는 사실이 과학적으로 밝혀진 겁니다.

이제부터는 누군가에게 부탁을 할 일이 생기면 상대방이 기한을 정하게 하되 내가 원하는 대답이 돌아오도록 자세한 이유를 덧붙여 질문해보세요. 이렇게만 해도 상대방이 스스로 당신의 의도대로 움직여줄 겁니다.

제14장

내 편이 늘어나는
감사의 말

습관을 들이려면 철저하게 칭찬하라

━━━━━ '문제가 발생하면 자세한 경위를 보고한다', '집안일을 도와준다', '격려의 말을 해준다', '지나가는 말로 한 이야기를 기억해준다' 등 누구나 주변 사람들에게 바라는 일들이 있을 겁니다. 특히 상대가 어떤 일에 한 번 호의를 보여줬다면 앞으로도 계속 그렇게 해주기를 바라겠지요. 이처럼 상대방이 한 번 해준 일을 반복적으로 하게 만드는 방법이 있습니다. 바로 최소 세 번은 공들여 칭찬하는 겁니다.

'파블로프의 개'라는 이름이 붙은 조건반사 실험을 아시나요? 이 실험에 따르면 개에게 먹이를 주기 전에 매번 종을 쳤더니 나중에는 종소리가 들리기만 해도 개가 침을 흘렸다고 합니다. 이를 응용해서 상대가 당신이 바라는 행동을 하면 곧바로 칭찬해보세요. 그리고 또 그 행동을 하면 다시 한 번 칭찬해줍시다. 이를 반복하면 청자의 뇌는 '이 행동을 하면 칭찬을 받는다'고 기억하게 됩니다. 나아가 칭찬은 자기중요감을 충족시켜주기 때문에 상대방은 그 행동을 또 하겠다고 마음먹게 됩니다.

그런데 내가 해주기를 바라는 일을 상대방이 애초에 전혀 하지 않는 경우도 있겠지요. 그럴 때는 우선 상대방이 어떻게 해주기를 바라는지 전달하는 단계부터 시작해야 합니다. 쉽지는 않겠지만 일단 상대에게 바라는 바를 이야기하고 '한 번만이라도 좋으니 이렇게 해줬으면 좋겠다'고 부탁해보세요. 그리고 당신이 요구한 일을 해주면 진심을 다해 칭찬합시다. 이는 칭찬을 함으로써 상대의 자기중요감을 충족시키려는 의도도 물론 있지만 가장 큰 목적은 상대의 뇌에 '이 행동을 하면 칭찬을 받는다'라는 기억을 남기는 데 있습니다.

일상에서 어떤 선택이나 행동을 할 때 인간은 모두 과거의 경험에 근거해 판단합니다. 그렇기 때문에 누군가 바라는 일을 해주고 크게 칭찬을 받았다는 기억이 머릿속에 남으면 또 그 행동을 해야겠다고 생각하게 됩니다.

하지만 한 번 칭찬하는 걸로는 부족합니다. 우리의 뇌는 여러 번 반복한 일과 강한 감정이 동반된 사건을 기억합니다. 그렇기 때문에 진심으로 칭찬을 해주고 감사의 마음을 전해야 합니다.

예를 들어 아이가 학교에서 돌아와 양말을 세탁 바구니에 넣었다고 가정해봅시다. 그것을 보자마자 "우와! 양말을 세탁 바구니에 넣어줬네?" 하며 칭찬합니다. 그리고 저녁을 먹을 때 한 번 더

"아까는 진짜 기분 좋더라. 하니까 되잖아, 그렇지?" 하고 칭찬하면서 자신의 기쁜 마음을 전합니다. 그리고 자기 전에 "오늘 빨랫감을 세탁 바구니에 넣어줘서 고마워. 정말 기분이 끝내주던데?"라고 말합니다. 다음 날 아침 아이가 등교할 때도 "어제는 양말을 세탁 바구니에 넣어줘서 고마웠어"라고 말합니다. 아이의 입장에서는 '벗은 옷가지를 세탁 바구니에 넣었을 뿐인데 칭찬과 감사를 받고 부모님이 진심으로 기뻐한다'는 경험을 기억에 남기게 됩니다. 이렇게 단 한 번의 행동이어도 그 일을 몇 번이고 끄집어내서 이야기하면 되는 겁니다.

칭찬을 기억에 남게 만들면 아이는 '부모님이 기뻐하는 모습을 또 보고 싶다. 오늘도 양말을 세탁 바구니에 잘 넣어야지' 하고 보상을 얻고자 하는 마음이 싹틉니다. 동시에 '어제 그렇게 고맙다고 했는데 오늘은 아무 데나 벗어 놓으면 부모님이 실망할지도 몰라' 하는 걱정이 들겠지요. 이는 자기중요감에 상처를 입을 가능성으로 이어집니다. 이 두 가지 심리 작용에 의해 결과적으로 어제처럼 세탁 바구니에 빨랫감을 넣게 되는 겁니다.

지금부터 누가 어떤 일을 해줬으면 좋겠는지 적어봅시다. 그리고 상대방에게 '이렇게 해줬으면 좋겠다'고 전해보세요. 상대가 실제로 그 일을 해주면 최소한 세 번은 '그렇게 해줘서 기뻤다'고 반복해서 말해주면 됩니다. 그 후에 상대가 같은 일을 또 하면 마찬가지로 세 번 이상 감사의 인사를 전하고 칭찬해줍시다. 몇 번이고 칭찬하세요. 매번 이 방법을 사용하면 내가 바라는 일을 상대방에게 습관화시킬 수 있습니다.

고마운 마음을 표현하면 내 편이 늘어난다

━━━━━ 이 책에 나오는 다양한 대화법은 제가 지금까지 강연회와 모임에서 1만 명 이상에게 가르친 기술 가운데 실제로 효과가 있었던 방법들입니다. 그중 어떤 상황에서든 관계없이 상대의 자기중요감을 높이는 마법 같은 스킬이 있습니다. 이를 사용하는 습관을 들이면 누구나 당신을 보고 '저 사람과 친하게 지내고 싶다', '저 사람과 함께 일하고 싶다', '저 사람을 위해 열심히 노력하고 싶다'고 생각하게 됩니다.

그 비결은 바로 "고마워요"를 입버릇처럼 달고 사는 겁니다. 가끔 말하는 정도로는 부족합니다. 남이 무슨 말을 하든 일단 당신

입에서 고맙다는 말부터 튀어나와야 합니다. 궁극적으로는 누군가가 당신 이름을 부르면 "왜요?"라고 대답하기 전에 "고마워요! 왜요?"라고 답할 정도가 되면 좋습니다. 입버릇이 아닌 자동 반사 수준으로 말입니다.

여기서 중요한 점은 상대의 이름과 "고마워요"를 세트로 말하는 겁니다. 이름을 꼭 짚어 부르는 것의 중요성에 대해서는 앞서 설명했습니다. 그런데 단순한 "고맙다"와 "○○야, 고맙다"는 전혀 다른 인상을 준다는 사실을 아시나요?

"고마워요"라고 말해봅시다. 그다음 당신의 이름을 넣어 "○○ 씨, 고마워요"라고 다시 말해보세요. 이름을 불러줬을 때 더 기분이 좋지 않나요? 누군가가 내 이름을 부르면 '저 사람이 나를 인식하고 있다'는 사실을 실감할 뿐만 아니라 내 이름을 부르는 목소리를 직접 들음으로써 '나는 지금 감사 인사를 받고 있다'는 사실을 객관적으로 인지하게 됩니다. 그러면 자기중요감이 높아지는 메커니즘이 작동하지요.

그렇다면 우리는 언제 "고마워요"라는 말을 할까요? 평소 언제 고맙다고 이야기하는지를 적어봅시다.

어떤 답변을 적었나요? 누군가에게 고마움을 표현하는 횟수는 곧 내 편의 숫자와 같습니다. '이럴 때도?' 싶은 상황에서조차 반사적으로 고맙다는 말을 하면 사람을 움직이는 영향력을 가질 수 있습니다. 다음처럼 말이지요.

- 부하 직원이 실수를 깨닫고 보고했을 때 → "○○ 씨, 스스로 알아차리고 먼저 알려줘서 고마워요."

- 친구가 당신을 비판했을 때 → "○○야, 나를 이렇게 걱정해 줘서 고마워."

- 연인에게 약속에 늦는다는 연락을 받았을 때 → "○○ 씨, 연락해줘서 고마워요."

쉽지 않다고요? 반사적으로 감사의 말이 나오게 만드는 훈련법이 있습니다. 참고로 저 또한 이 방법으로 "고마워요"를 자동화시켰습니다.

어느 날 아침, 저는 잠이 덜 깼는지 일어나다 침대 모서리에 오른쪽 새끼발가락을 세게 부딪혔습니다. 그런데 실수로 입에서 "아야!"가 아니라 "고마워!"가 튀어나왔습니다. 신기하게도 그 순간부터 저도 모르게 고맙다고 이야기할 이유를 찾기 시작했습니다. 그때는 '덕분에 평소보다 훨씬 빨리 눈이 번쩍 떠져서 고맙다'고 생각했던 기억이 납니다.

저를 이렇게 만든 트레이닝 방법을 소개하겠습니다. "고마워요"를 하루에 3000번 말합시다. 약 40분 동안 반복하면 3000번을 채울 수 있습니다. 이를 한 달 동안 계속하면 "고마워요"가 입버릇이 됩니다.

습관화의 포인트는 이미 매일같이 하는 일에 습관으로 만들고 싶은 일을 추가로 덧붙이는 겁니다. 당신의 일상을 돌아보고 매일 하는 일 중 40분 정도 걸리는 일을 찾아봅시다. 운동이든 출근이든 목욕이든 상관없습니다. 하루의 루틴을 지키며 "고마워요, 고마워요, 고마워요…"를 반복하면 됩니다.

저는 아침에 일어나서 나갈 준비를 하는 시간이 40분 정도여서 아침 샤워를 하기 시작할 때부터 "고마워요"를 염불 외듯 중얼거렸습니다. 이 훈련이 제 인생을 바꿨다고 해도 과언이 아닙니다. 여러분도 딱 한 달만 이 훈련법을 시도해보기 바랍니다.

믿음이 만들어낸 기적

━━━━━ 살면서 하고 싶은 일이 있는데 도전을 향해 한 걸음을 내딛지 못한 적이 있나요? 만약 그때 누군가 용기를 북돋아줘서 실행에 옮겼는데 결과가 잘 풀렸다면 그 사람은 당신에게 어떤 존

재가 될까요? 고마운 사람, 평생 감사하고 싶은 사람, 기회만 있으면 힘이 돼주고 싶은 사람 등이 될 겁니다. 누군가에게 그런 존재가 될 수 있다면 그야말로 영향력을 손에 넣었다고 할 수 있을 테지요.

저의 제자 중 한 여성 경영인이 있습니다. 저와 처음 만났을 때 그는 사회생활은커녕 아이 셋을 돌보느라 집에서 거의 나오지도 못하는 상태였습니다. '이대로 전업주부로만 살기는 싫다'고 생각했지요. 하지만 무엇을 하면 좋을지 몰라 쉽사리 사업을 시작하지 못하고 있었습니다.

그래서 제가 창업을 도왔고 그는 결국 2015년에 회사를 설립했습니다. 사업이 번창해 지금은 전국에서 고객을 확보하고 외국과도 거래하는 법인의 대표이사로 활약하고 있습니다. 그는 지금도 매년 회사의 창립기념일 파티에 저를 초대합니다. 그는 만날 때마다 저에게 이렇게 말합니다.

"설립 당시에는 정신이 하나도 없고 걱정도 많았어요. 호시 씨가 그런 저에게 '괜찮아요. 반드시 할 수 있어요' 하면서 계속 응원해주셨죠? 그때 정말 든든했어요."

우리는 왜 하고 싶은 일이 명확하게 있는데도 자꾸만 도전을 주저할까요? 바로 불안하기 때문입니다. 저 역시 회사를 그만두고 독립해서 창업을 한 사람인지라 그 마음을 잘 압니다. '도전해보고 싶지만 그렇게 쉽게 잘될 리가 없어. 혹시 잘못돼서 무일푼 신세가 되면 어쩌지?' 하는 불안감에 사로잡혀 첫발을 내딛지 못하는 겁니다.

사람의 마음을 움직이는 필수 조건 중 하나가 안심감이라는 사실은 지금까지 몇 번이나 반복해서 이야기했습니다. 그런 맥락에서 저는 제 고객이나 제자가 좋은 결과를 낼 때까지 절대로 모른척 하지 않고 끝까지 책임을 집니다. "괜찮아요, 당신이라면 반드시 할 수 있어요"라고 끊임없이 격려하지요. 물론 모두 진심에서 우러나온 말입니다. 그렇게 지금까지 1만 명의 변화를 이끌어냈습니다.

제가 수많은 고객을 만날 때 누구를 상대하든 일관적으로 지킨 규칙이 하나 있습니다. 바로 그 사람을 그 사람 이상으로 믿는 겁니다. 그리고 이를 마음속에 감춰두지 않고 직접 말로 전했습니다. 소중한 사람들이 나의 격려를 통해 안심감과 자기중요감을 채우고 새로운 일에 도전하게 된다면 얼마나 좋을까요? 저는 그들 뒤에서 든든한 버팀목이 돼주고 싶었습니다.

당신은 소중한 사람, 곁에 있는 사람에게 안심감을 주고 자기중요감을 채워줄 만한 말을 하고 있습니까? '신뢰하고 있다', '당신과 같은 편이다'라는 말을 누구에게 할 수 있을까요? 한 번 그 목록을 적어보고 반드시 응원과 격려의 말을 실제로 전해보세요.

제15장

상처 주지 않고
갈등을 해결하는
놀라운 대화법

상대의 체면을 생각해
빠져나갈 구멍을 만들어주자

━━━━━ 당신이 옷가게에서 일한다고 해봅시다. 어떤 손님이 옷 한 벌을 들고 와서 '지난번에 이 가게에서 산 옷인데 사이즈가 안 맞아서 반품하고 싶다'고 합니다. 그런데 그 옷은 누가 봐도 한두 번 착용한 흔적이 있습니다. 당신은 '한 번 입은 옷은 반품해주기 어렵다'고 했지만 손님은 '한 번도 입지 않았다'고 막무가내로 우깁니다. 감정이 격해져 실랑이를 하는데 손님이 반품하고 싶다던 옷에 세탁소 태그가 붙어 있는 것을 발견했습니다. 이때 당신이라면 어떻게 대응하겠습니까?

상대방은 '어쨌든 반품해달라'는 억지 주장을 늘어놓고 있지만 누가 봐도 거짓말이 분명한 상황입니다. 이런 일을 겪으면 반격하고 싶은 마음이 드는 게 인간의 본성일지도 모릅니다. 그런데 똑같이 감정적으로 대응하면 상황은 더욱 악화될 뿐입니다. "손님, 이건 뭐죠? 세탁소 태그 아닌가요? 입었으니까 세탁소에 맡긴 거 잖아요!"라는 식으로 따지고 싶은 마음이 드는 것도 이해가 됩니다. 하지만 이렇게 하면 상대방이 꼬리를 내릴 수가 없습니다. 나아가 당신이 일하는 가게를 어디서 어떤 식으로 이야기하고 다닐지 모르지요.

갈등을 제대로 해결하고 싶다면 상대방의 체면을 구겨서는 안 됩니다. 그것은 곧 상대의 자기중요감에 상처를 입히는 일입니다. 상대방은 자기중요감을 되찾기 위해 무슨 짓을 할지 모릅니다. 사람을 움직이는 힘은 적을 만들지 않는 일에도 응용할 수 있습니다. 비록 명백한 증거가 있더라도, 진실을 지적하는 데 집착하기보다는 어떻게 상대의 자기중요감에 상처를 입히지 않고 물러나게 할 것인가를 먼저 생각해야 합니다. 예를 들어 이런 대응을 생각해볼 수 있습니다.

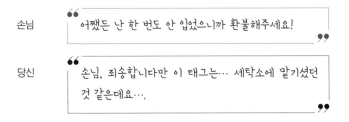

| 손님 | 66 어쨌든 난 한 번도 안 입었으니까 환불해주세요! 99 |
| 당신 | 66 손님, 죄송합니다만 이 태그는… 세탁소에 맡기셨던 것 같은데요…. 99 |

이렇게만 말하고 반응을 기다린다면 상대의 실수를 지적해서 체면을 구기게 하고 자기중요감에 상처를 입힐 뿐입니다. 그래서

이 뒤가 중요합니다.

당신

> "
> 가족분이 모르고 세탁소에 맡기신 것 같네요. 저도 가끔 입으려고 했던 옷이 안 보일 때가 있는데 그럴 때는 대개 가족이 세탁소에 맡겼더라고요. 그래서 고객님 사정은 저도 이해합니다.
> "

　이처럼 '당신은 몰랐겠지만 가족 중 누군가가 그렇게 했을 것이다'라는 빠져나갈 구멍을 만들어주는 겁니다. 이렇게 하면 손님은 체면을 구기지 않으면서도 꼬리를 살포시 내릴 기회가 생겨서 어떤 피해도 주지 않고 돌아갈 겁니다.

　지금 든 예는 손님과의 대화였지만 누구든 친밀한 사람에게 이렇게 대해보세요. 자신의 체면을 지켜주고 망신을 당하지 않게 해줬다는 이유로 당신에게 감사의 마음을 가질 겁니다. 이런 경험은 상대방으로 하여금 당신에게 호감을 가지게 하고 당신을 신뢰하게 만들어줍니다.

고통은 즉각적인 결단과 행동을 낳고
쾌락은 지속성을 낳는다

━━━━━ 심리학자 지그문트 프로이트_{Sigmund Freud}는 인간의 마음이 우선순위로 삼는 요소로 '이드_{id}'를 꼽았습니다. 이드란 타고난 본능 그대로 쾌락을 추구하고 고통을 회피하고자 하는 심리입니다. 이에 따르면 사람을 움직이는 요인은 다음 두 가지밖에 없습니다.

① 쾌락을 얻는다.
② 고통을 피한다.

이 두 가지를 잘 이용한다면 주위에 있는 사람들이 지속적으로 빠르게 당신 생각대로 움직이게 될 겁니다.

쾌락을 얻는다는 것은 욕구를 충족시키기 위한 행동입니다. 즉, 이 책에서 말하는 안심감과 자기중요감을 채우기 위한 행동이지요. 쾌락을 얻겠다는 목적을 바탕으로 한 행동은 지속성이 뛰어납니다.

한편 고통을 피하기 위한 행동은 안심감과 자기중요감이 손상되거나 상처를 입을까 봐 움직이는 모습을 떠올리면 됩니다. 고통을 피하려는 감정은 상대방을 빨리 행동하게 할 때 큰 힘이 됩니다.

고통을 이용해서 상대를 움직이려고 하면 상대의 몸과 마음이 모두 피폐해지기 때문에 오래가지 못합니다. 그렇기 때문에 고통을 피하려는 의지는 어디까지나 상대를 처음 움직이게 만들 때만 끌어내야 합니다. 일단 상대가 내 뜻대로 움직이기 시작하면 쾌락을 얻으려는 의지로 전환해야 하지요. 이것이 사람의 마음을 움직이는 의사소통의 이상적인 모습입니다.

그렇다면 고통을 피하려는 의지와 쾌락을 얻으려는 의지를 어떻게 구분하는지 다음 대화를 통해서 살펴봅시다. 당신은 남편이 아이 앞에서 담배를 피우지 않기를 바라는 상황입니다.

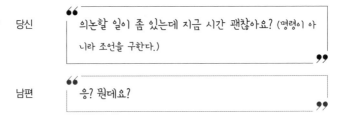

당신 "의논할 일이 좀 있는데 지금 시간 괜찮아요? (명령이 아니라 조언을 구한다.)"

남편 "응? 뭔데요?"

당신	우리 아이 말인데요, 당신은 어떤 사람으로 자랐으면 좋겠어요? (미래를 보여주고 쾌락을 떠올리게 한다.)

남편	갑자기 왜 그래요? 뭐, 그거야 건강하게 크는 게 제일 중요하겠죠?

당신	그렇죠? 저도 그렇게 생각해요. 그런데 요즘 기침을 자주 해서 좀 걱정이 돼서요.

남편	그래요? 감기라도 걸렸나?

당신	열은 없더라고요. 자세히 물어봤더니 아무래도 집에 있을 때만 그렇다나 봐요.

남편	집에 있을 때만요?

당신	네, 그래서 짐작 가는 데는 없냐고 물어봤더니 냄새가 싫다고 하던데요? (답을 말하지 않고 상대가 깨닫게 만든다.)

남편	냄새? 혹시 담배 말하는 건가?

당신	그런가 봐요.

남편
> 그건 전혀 생각 못 했네요.

당신
> 그래서 어떻게 해야 하나 싶어서… (답을 말하지 않는다.)

남편
> 담배 때문에 그런다고 하면 생각을 해봐야죠. 하지만 당장 끊기는 어려운데….

당신
> 지금 당장 끊으라는 건 아니지만… 아이가 건강하게 자라려면 어떻게 해야 좋을지 모르겠어요.

남편
> 그러네요. 일단은 아이 앞에서는 안 피울게요.

당신
> 그거 좋은 생각이네요. 고마워요. 담배 때문에 몸이 안 좋아져서 아이가 당신을 안 좋게 생각하는 건 나도 싫거든요. 아이 앞에서는 참는다고 해주니까 정말 고맙네요. (아픔을 준다.)

남편
> 응, 나도 그건 싫으니까 자제할게요.

대화가 잘 마무리됐습니다. 다음날 남편이 집 밖에서 담배를 피우고 돌아오는 것을 봤습니다.

> " 집 밖에서 담배를 피우고 들어와 준 거예요? 고마워요!
> 당신의 실천력이 존경스러워요. (쾌락을 준다.) "

이후 아이 앞에서 담배를 피우지 않으면 볼 때마다 반복해서 칭찬을 하면 됩니다.

이 대화를 본 소감이 어떤가요? 아버지라면 "아이 앞에서 담배를 피우지 마세요"라고 한마디만 해도 바로 수긍해야 하는 거 아니냐고 생각하는 사람도 있을지 모르겠네요. 여기서는 쾌락과 고통을 어떤 식으로 사용하면 좋을지 알기 쉽게 전달하기 위해 든 예시일 뿐이니 너그럽게 이해해주기 바랍니다.

이처럼 고통은 즉각적인 결심과 행동을 촉구하는 데 사용하고 쾌락은 지속적으로 행동하게 할 때 사용해야 합니다. 아이를 위해 밖에서 담배를 피우는 행위를 할 때마다 칭찬을 받으면 다음번에도 칭찬을 받기 위해 이 행동을 계속하게 됩니다. 이를 그만두면 칭찬을 받지 못하게 되고 나아가서는 고통이 동반되기 때문에 계속해서 버릇을 들이는 겁니다.

다시 한 번 말하지만 고통만 주면 사람은 피폐해집니다. 누군가에게 고통을 줘서 움직이게 하려면 실제로 움직였을 때 그 두 배의 쾌락(안심감이나 자기중요감)을 줘야 합니다. 세상에는 고통만 주면서 다른 이를 움직이려고 하는 사람도 있지만 그런 사람은 절대로 호감과 신뢰, 충성심을 얻지 못합니다.

불공평하다는 느낌을 없애는 규칙의 명확화

━━━━━ 부하 직원이나 스텝, 고객, 학생이 '존중받지 못하고 있다', '정당한 대우를 받고 싶다', '왠지 다른 사람만 편애하고 있는 것 같다' 같은 이야기를 할 때 공통점은 무엇일까요? 바로 불공평한 대우에 불만을 느끼고 있다는 겁니다.

왜 이렇게 생각하는 걸까요? 당신도 이미 알고 있을 겁니다. 자기중요감을 채우고 싶고 자기중요감에 상처를 입고 싶지 않다는 욕구가 있기 때문입니다.

그런데 반대편에 있는 사람 입장도 이해가 됩니다. 사람이라면 누구나 다른 사람들보다 더 열심히 일하는 부하 직원이나 스텝, 유독 각별한 고객에게 잘 대해주고 싶은 마음이 들겠지요. 관리해야 할 사람이 소수라면 모두에게 똑같이 해주겠지만 다수라면 쉽지 않을 겁니다. 그렇다고 해서 "사람이 이렇게 많은데 어쩔 수 없잖아!"라고 말하면 당연히 당신에 대한 신뢰는 나락으로 떨어지게 됩니다.

그렇다면 조직 구성원 모두가 나를 정당하게 대우받는다고 느끼게 하려면 어떻게 해야 할까요? 바로 명확한 규칙을 세우는 겁니다.

당신이 어떤 기준으로 사람들에게 대응하고 있는지를 확실하게 밝히면 모든 문제가 해결됩니다. 평가의 규칙이 존재하고 그 규칙을 상대방도 인지하게 되면 처음에는 정당한 대우를 받지 못하고 있다고 느끼더라도 곧 자신에게 잘못이 있다는 사실을 인식하고 바로잡게 됩니다. 반대로 좋은 평가를 받지 못한 이유와 그 기준을 알지 못하면 상대방은 스스로 정당한 대우를 받지 못하고 있다는 생각에만 초점을 맞추고 모두를 평등하게 대해야 하는 거 아니냐며 불만을 품게 되겠지요.

여기서 중요한 것은 규칙이나 평가 기준에 강요하는 느낌이 있어서는 안 된다는 점입니다. 어느 날 갑자기 아무런 예고도 없이 상사가 "오늘부터 이 기준으로 평가할 거니까 알아서들 해!"라고 말하면 '갑자기 뭐야?' 하고 반발이 생기게 돼 있습니다.

처음부터 규칙을 명확하게 정하고 밝히는 것이 가장 좋겠지만 만약 중간에 새로운 규칙을 도입해야 한다면 적용 대상이 되는 사람에게 납득할 만한 이유를 설명한 뒤에 시행하는 것이 좋습니다. 규칙이 애매하면 불만이 생기고 규칙이 명확해지면 일단 이를 지키려고 한다는 것이 인간의 심리입니다.

가치관 대립을 초월하는 최강의 질문

만약 누군가에게 다음과 같은 말을 듣는다면 어떤 기분이 들까요?

- "그건 아니지!"
- "그건 어렵지 않을까?"
- "너한테는 무리야."
- "됐고, 내가 하라는 대로 해!"
- "상식적으로 생각해보면 알 거 아니냐!"
- "역시 넌 그런 인간이구나?"

• "말도 안 되는 소리 하고 있네!"

생각만 해도 불쾌한 기분이 들지 않나요? 이런 말을 듣고 '난 오히려 기분이 좋은걸?' 하며 웃는 사람은 아마 없겠지요.

이런 말을 들었을 때 감정이 상하는 이유는 화자가 청자를 일방적으로 단정하고 있기 때문입니다. '틀렸다', '어렵다', '무리다', '너는 잘 모르니 내 말대로 해라' 같은 말은 상대의 생각이나 기분을 이해하려 하지 않는 말입니다.

상대를 일방적으로 단정하는 말에는 안심감이나 자기중요감을 보호해주려는 의도가 존재하지 않습니다. 이런 말을 들으면 인간으로서 존재 가치를 느낄 수 없습니다. 그렇기 때문에 불쾌한 기분이 드는 겁니다. 실제로 이와 관련해 미국 메릴랜드대학교는 상담사들을 대상으로 대화에 대한 연구를 진행했습니다. 그 결과 상담을 하면서 강요하거나 단정하듯이 이야기하면 화자의 매력도가 감소한다는 사실을 알아냈습니다.

사람의 마음을 움직이는 영향력, 인기, 신뢰를 얻으려면 반대로만 하면 됩니다. 일방적으로 단정하지 마세요. 정답은 몇 가지든 있을 수 있고 사람에 따라서 달라질 수 있습니다.

예를 들어봅시다. 개를 키우는 사람은 당연히 개는 귀엽다고 생각합니다. 그렇다면 '개는 귀엽다'는 생각이 누구에게나 통용되는 유일무이한 진리일까요? 어렸을 때 대형견에 물려 수십 바늘을 꿰맬 만큼 큰 상처를 입었던 사람도 개가 귀엽다고 생각할까요? 그렇지 않을 겁니다. 과거에 개에게 물려본 사람이 개를 좋아하지 않는다고 말했을 때 자기 가치관만으로 "그건 말도 안 되지! 개는 당연히 귀엽지!"라고 주장하는 것이 바로 일방적인 단정입니다.

상대가 왜 그렇게 생각했는지 살피고 이해하려는 자세는 상대방에게 안심감을 주고 자기중요감에 상처를 입히지 않습니다. '내가 왜 그렇게 생각하는지를 이해해줬다'고 느끼면 상대방 역시 자기 생각을 고집하지 않고 당신 이야기에 귀를 기울이게 됩니다. 사람이 고집하는 것은 사실 자신의 의견 그 자체라기보다는 나를 이해해주지 않는다는 느낌이기 때문입니다.

이번 한 주 동안 이해가 안 되는 발언을 하는 사람에게 "왜 그렇게 생각했는지 말씀해주시겠어요?"라고 물어봅시다. 그리고 상대방이 그렇게 생각하게 된 배경을 이해해봅시다. 경험에 따라서 생각이 달라질 수 있다는 사실을 직접 체험하는 겁니다.

대화 중 당신의 가치관으로는 예상하지 못한 대답이나 의견이 나왔을 때는 왜 그렇게 생각하는지 그 근거를 심플하게 물어보면 됩니다. 그 질문 자체가 상대방에게는 '이 사람이 나를 이해해주려고 하고 있다'는 증거가 되기 때문입니다. 그러면 상대도 당신을 신뢰하게 될 겁니다.

고민을 객관화시키는 메모의 힘

우리는 다른 사람의 고민에는 쉽게 조언을 건네지만 정작 자기 일에는 냉정하게 판단을 내리지 못하곤 합니다. 인간이면 누구나 경험하게 되는 일이지요.

여기서 빠져나갈 방법이 있습니다. 주변 사람이 이런 상태가 됐을 때 이 방법을 알려주면 상대는 고민을 한순간에 해결하고 당신을 존경스러운 눈빛으로 바라보게 될 겁니다.

방법은 의외로 간단합니다. 고민하는 일, 판단을 내리기 어려운 일을 종이에 적는 겁니다.

인간의 뇌는 같은 일을 몇 번이고 반복해서 생각하는 습성이 있습니다. 따라서 아무리 사소한 고민이어도 그걸 계속 반복해서 생각하다 보면 상당히 큰 문제라고 생각하게 됩니다. 이럴 때는 고민을 일단 종이에 적고 읽어보세요. 고민했던 일이 의외로 별일 아니었던 경우가 많을 겁니다. 심지어 '겨우 이런 일이었어?'라는 생각까지 들 때가 많습니다.

고민을 종이에 적으면 객관적으로 바라볼 수 있습니다. 이는 다른 사람의 고민을 듣고 쉽게 해답을 찾을 수 있는 이유와 일맥상통합니다. 지금 안고 있는 문제를 일단 자신에게서 떼어내봅시다.

만약 누군가에게 고민을 종이에 적어보라고 조언했다면 앞서 이야기했듯이 상대방에게 곧바로 '이렇게 하면 된다'고 조언을 해서는 안 됩니다. 사람을 움직이게 하려면 답을 가르쳐주지 않아도 스스로 깨닫게 하는 일이 중요하기 때문입니다.

상대가 고민을 작성했다면 그 문제에 대해 판단하기 위해 여러 선택지를 적고 각각의 장단점을 본인 스스로 적게 합니다. 일단 필기를 마치면 이미 그 시점에서 객관적으로 봤을 때 어떻게 하면 좋을지를 알게 됩니다. 당신이 할 일은 마지막에 "그러면 어떻게 할래요?" 하고 최종 결단을 내리기 위한 질문을 해주는 것뿐입니다.

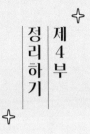
- 잘못된 이야기를 지적하면 자기중요감이 손상됐다고 느낀다. 자기중
  요감을 손상시키지 않고 사람을 움직이고 싶다면 네 가지 규칙을 기
  억하자.

  ① 스스로 깨닫게 한다.

  ② 감정적으로 대응하지 않는다.

  ③ 정답을 먼저 말하지 않는다.

  ④ 정정하지 않는다.

- 기한은 상대방이 정하게 만들자.

  ① "언제까지 할 수 있나요?"라고 묻자.

  ② 구체적으로 언제, 왜 그것이 필요한지 이야기하며 물으면 원하는
    답을 이끌어낼 수 있다.

- 칭찬을 받았다는 사실이 기억에 남으면 같은 행동을 반복한다. 여러
  번 감사의 말을 전하자.

① 상대방에게 좋은 습관을 들이고 싶다면 칭찬을 최소한 세 번 이상 반복한다.

② "고마워요"라고 말하는 습관을 가지자. 하루 3000번씩 "고마워요"를 연습하자. 하루의 루틴을 지키며 반복할수록 쉽게 습관으로 만들 수 있다.

• 실행을 망설이는 사람에게는 '당신을 신뢰하고 있다'고 말하자.

• 갈등을 해결하는 마법의 말

① "이래서 그런 거죠?"같이 상대의 체면을 뭉개지 말고 빠져나갈 구멍을 만들어주자.

② 고통은 초반에 한 번만 주고 쾌락은 계속해서 준다.

③ 불공평하다고 느끼는 사람에게는 규칙과 그 규칙을 실행하는 이유를 명확하게 설명한다. 이때 구성원들에게 규칙을 강요한다는 인상을 주지 않도록 최선을 다한다.

④ 나와 다른 생각을 하는 사람에게는 "왜 그렇게 생각했어요?"라고 묻는다.

⑤ 고민이 많은 사람에게는 직접 조언하기보다는 고민을 종이에 적어 보라고 한다.

제5부

1만 명의
인생을 바꾼
최고의 대화 기술

누군가를 변화시킬 힘을 가진 사람은 주변 사람들의 멘탈에 불을 지필 수 있습니다. 또한 커뮤니케이션을 통해 목적지까지 상대를 자연스럽게 이끌 수 있습니다. 저는 늘 '인생의 90퍼센트는 멘탈로 결정된다'고 주장합니다. 당신이 현재 관리자나 부모, 교사, 경영인 등 누군가를 이끌어야 하는 위치에 있다면 이 이야기가 큰 도움이 될 겁니다.

제16장

누군가를 변화시키는
사람이 되는 방법

인생의 90퍼센트는 멘탈로 결정된다

━━━━━ 지금까지 알아본 대화법을 잘 활용하면 당신의 인생이 술술 풀릴 뿐만 아니라 누군가를 변화시킬 수도 있습니다. 누군가 당신을 보고 '이 사람과 만난 덕분에 나는 달라졌다', '지금의 내가 있는 것은 이 사람 덕분이다'라고 생각한다면 당신은 사람의 마음을 움직이는 영향력을 바탕으로 다른 사람의 인생을 바꾸는 힘까지 가지게 된 겁니다.

'너무 거창한 소리 아닌가요?'라고 생각할지도 모릅니다. 인생의 목표를 달성하려면 물론 전문적인 지식이나 기술도 필요합니다. 하지만 사람이 변화하는 데는 그보다 더 크게 힘이 되는 요소가 있습니다.

그것은 과연 무엇일까요? 바로 '달라지겠다' 혹은 '꿈을 실현하겠다'는 강한 의지, 즉 멘탈(정신력)입니다. 꿈을 이룰 수 없다고 말하는 사람에게는 아무리 지식과 기술이 풍부해도 이러한 의지가 결여돼 있습니다.

누군가를 변화시킬 힘을 가진 사람은 주변 사람들의 멘탈에 불을 지필 수 있습니다. 또한 커뮤니케이션을 통해 목적지까지 상대를 자연스럽게 이끌 수 있습니다.

저는 늘 '인생의 90퍼센트는 멘탈로 결정된다'고 주장합니다. 제5부에서는 주변 사람들의 마음을 움직이는 것은 물론 그들의 멘탈을 자극해서 인생을 바꾸는 방법을 소개하려고 합니다. 이 내용은 지금까지 많은 사람들의 꿈을 이뤄준 저만의 방법을 농축해놓은 핵심 요약본이라고도 할 수 있습니다. 당신이 현재 관리자나 부모, 교사, 경영인 등 누군가를 이끌어야 하는 위치에 있다면 이 이야기가 큰 도움이 될 겁니다.

행동보다 성품을 칭찬한다

━━━━━━ 앞에서 이야기한 내용을 복습해보자면 일단 누군가를 움직이기 위해 해야 할 일은 칭찬입니다. 처음에 칭찬을 하지 않으면 상대는 당신의 말을 들으려 하지 않지요. 자신의 의견이나 생각, 마음을 부정당했을 때는 누구나 자기중요감을 보호하기 위해 변명거리를 생각하거나 스스로를 방어하려고 합니다. 그래서 당신의 조언을 순순히 받아들이지 않습니다.

여기서 중요한 점은 '계속 칭찬만 하면 내 말을 들어준다'고 착각하면 안 된다는 사실입니다. 포인트는 '먼저' 칭찬해서 당신의 이야기나 조언을 받아들이기 쉬운 상태를 만드는 겁니다. 즉, 적절한 환경을 조성하는 것이지요.

심리학자 조안 그루섹Joan Grusec은 다음과 같은 실험을 했습니다. 유리구슬을 가지고 놀고 있는 아이들에게 친구에게 구슬을 나눠주라고 말합니다. 그리고 아이가 구슬을 나눠줬을 때 A그룹의 아이들에게는 "너는 착한 행동을 했구나? 훌륭한 행동이야" 하면서 행동을 칭찬했습니다. 반면 B그룹의 아이들에게는 "네가 친구를 기쁘게 해줬구나? 너는 정말 훌륭한 어린이야" 하고 그 아이의 성품을 칭찬했습니다.

아이들은 어떻게 변화했을까요? 2주가 흘러 행동을 칭찬받은 A그룹 아이들 가운데 10퍼센트는 입원한 친구에게 힘이 돼주기 위해 선물을 전달했습니다. 한편 B그룹에서는 45퍼센트의 아이가 친구에게 선물을 전달했습니다. 상대의 성품, 즉 존재 자체를 칭찬하면 그에게 더 크게 영향을 줄 수 있다는 사실이 밝혀진 것이지요.

행동 자체를 칭찬하는 것도 나쁘지 않습니다. 칭찬은 언제나 좋은 것이니까요. 하지만 "그 상황에서 그런 결단을 내릴 수 있다니 정말 용감하네요", "언어적인 감각이 정말 좋으세요", "항상 멋쟁이시네요" 등 상대의 존재 자체를 부각시켜 칭찬하면 그 뒤로도 상대의 행동에 큰 영향을 주게 됩니다. 뒤집어 말하자면 상대가 잘못을 저질렀을 때도 마찬가지로 그의 성품이나 존재 자체를 부정해서는 안 되겠지요.

명령은 아무것도 바꾸지 못한다

인생을 변화시키는 데 가장 필요한 것은 사실 타인의 가르침이 아니라 자기 자신의 의지입니다. 아무리 훌륭한 멘토를 가지고 있더라도 하루 중 멘토와 함께 지내는 시간보다 자기 혼자 있는 시간이 훨씬 길기 때문입니다. 따라서 값비싼 교육을 받았다고 해도 혼자만의 시간에 자신을 발전시키기 위해 노력하지 않으면 아무것도 달라지지 않습니다.

사람을 변화시키기 위해서는 그에게 혼자 있을 때도 스스로 움직일 의욕을 불어넣어주는 게 중요합니다. 그렇다면 언제 그런 마음이 일어날까요? 바로 직접 깨달았을 때입니다.

상상해봅시다. 누군가가 '여기를 파면 온갖 보물이 나온다'고 알려줬을 때와 자기 혼자서 '여기에 온갖 보물이 묻혀 있다'는 사실을 알아냈을 때 중 어떤 상황에서 더 가슴이 두근거리고 빨리 행동해야겠다는 생각이 들까요? 당연히 혼자서 깨달았을 때일 겁니다.

제4부에서도 비슷한 이야기를 했지만 사람을 바꾸려면 시키려고 하지 않아야 합니다. 명령하지 말라는 겁니다. 명령을 하면 온갖 보물이 묻혀 있다는 사실을 스스로 깨달았을 때와는 정반대의 결과가 나타납니다. 의욕적으로 몰두하거나 실행을 지속하게 만들기 어렵다는 말입니다. 단언컨대 명령으로 사람을 변화시키는 일은 불가능합니다.

약점을 감추지 않는 것이 매력이 된다

'이 사람의 이야기를 더 들어보고 싶다', '이 사람이 하는 말은 왠지 모르게 따르고 싶어진다' 같은 생각을 들게 만드는 사람은 어떤 사람일까요? 사람을 변화시키는 힘을 가진 이는 보통 사람과는 다른 독특한 매력을 풍기는 경우가 많습니다. 그 매력의 정체는 도대체 무엇일까요? 한 번 생각해봅시다.

Q. '이 사람이 그렇게 말하니까 나도 한 번 해볼까?'라는
생각이 들게 하는 사람의 매력은 어디에 있을까요?

아마 다양한 답이 나왔을 겁니다. 무엇을 적었든 다 정답이지만 매력의 수많은 요소 중 딱 한 가지를 꼽자면 바로 그 사람의

인간적인 약함입니다.

우리는 왜 약한 모습을 보이는 사람에게 매력을 느낄까요? 예를 들어 당신에게 도전해보고 싶은 어떤 일이 있다고 해봅시다. 그 일에 관해서 누군가에게 상담을 하다가 우연히 다음과 같은 사실을 알게 됐습니다.

사실 그 사람은 자산 규모가 수천억 원이 넘는 부잣집에서 태어났다. IQ가 180이 넘는 두뇌를 가졌으며 하버드대학교를 졸업하고 영어뿐만 아니라 프랑스어와 중국어도 원어민 수준으로 구사할 수 있다. 대학교 재학 중에 창업해서 불과 1년 만에 연매출을 500억 원을 넘긴 수완가로 엄청난 절제력이 있는 사람이었다.

이때 당신은 어떤 기분이 들까요? 먼저 상담을 요청하기는 했지만 그가 무슨 말을 하더라도 '그래, 한 번 해보자!'라는 마음은 생기지 않을 겁니다. '상담 상대를 잘못 골랐다'는 생각만 들겠지요.

인간적인 약함을 보이면 심리적 거리가 좁혀지는 효과가 있습니다. 그런 상태에서 조언을 건네면 청자로 하여금 '왠지 나도 따라 할 수 있을 것 같다'는 생각을 하게 됩니다. 물론 그렇다고 해서 청자가 신뢰를 잃을 정도의 약점을 보이면 당연히 역효과만 일어납니다.

약한 모습을 보이는 것은 인간적인 모습을 보이는 것과 같습니다. 당연한 이야기지만 저 역시 잘하는 일이 있는 만큼 부족한 부분도 있습니다. 저는 새로운 비즈니스 모델을 생각하거나 사람들에게 조언을 하거나 그들 앞에서 이야기하거나 글을 쓰는 일을 잘합니다. 하지만 세세한 사무 작업에는 서툽니다. 특히 데이터를 그래프나 표로 정리할 때면 늘 애를 먹습니다.

혼자 모든 일을 처리하기가 힘들다 보니 유능한 비서가 매일 제가 어려워하는 부분을 도와주고 있습니다. 그 덕분에 제가 잘하는 일에 더욱 집중할 수 있지요(얼마 전에도 하마터면 약속을 겹쳐서 잡을 뻔했는데 비서가 알려준 덕분에 불상사를 피할 수 있었습니다). 전 세계로 판매되는 책에서 제 약점을 드러내게 될 날이 올 줄은 몰랐는데 말이지요…. 이런 게 바로 인간미가 있는 부분을 숨기지 않는다는 겁니다.

약점을 드러내는 것은 듣는 사람과 좀 더 가까워지게 만들어줍니다. 또한 그들에게 '당신도 그랬다면 나도 할 수 있을 것 같다'라는 마음이 들게 합니다. 자신의 과거 실패담이나 서툰 부분을 주위 사람들에게 소탈하게 털어놔보세요. 주변 사람들에게 공감과 신뢰를 얻을 수 있을 겁니다.

제17장

목표에 도달하게 해주는
최고의 질문

목적과 수단을 헷갈리지 않으려면

━━━━━ 가끔 저를 찾아온 고객 중에는 "제가 하고 싶다고 생각한 일을 하고 있는데 요즘에는 어쩐지 좀 힘들어요"라고 이야기하는 사람이 있습니다. 나아가 '지금 굳이 그걸 할 필요가 있을까?' 싶은 일을 시작하는 사람도 있지요.

왜 이런 일이 일어날까요? 그 원인은 매우 간단합니다. 자신이 지금 무엇을 지향하고 있는지를 잊어버렸기 때문입니다. 현실에 치여 너무 바쁜 나머지 눈앞의 일에만 사로잡히고 그러다 보니 지금 하는 일이 어디로 이어질지를 모르게 된 겁니다. 그래서 즐겁지 않은 것이지요. 불행의 도식에 빠진 겁니다.

한창 컨설팅을 하다가도 상대가 왠지 힘들어 보이면 저는 일단 상담을 제쳐두고 상대방에게 이렇게 물어봅니다.

"그러고 보니 ○○ 씨는 목표가 뭐라고 하셨죠?"

상대방의 시선을 눈앞에 놓인 일에서 최종 목적지로 돌리는 질문을 하는 것이지요. 그러면 대부분 무언가를 깜빡 잊었다가 기억해낸 것처럼 놀란 표정을 짓습니다. 그렇게 '내가 지금 하는 일은 무엇을 위한 일인가? 나는 왜 이 일을 하고 있나?'를 떠올리고 힘든 기색이 사라지는 경우가 많습니다.

생각해보면 당연한 이치입니다. 예를 들어 '지하 100미터 밑에 100억 원이 묻혀 있으니 이곳을 삽으로 파자!'고 결심했다고 해봅시다. 손을 움직일 동기를 부여해주는 것은 땅을 다 파면 100억 원을 손에 넣을 수 있다는 사실입니다. 100미터 아래에 무엇이 있는지 모르거나 그 사실을 잊어버린 채 삽으로 땅을 파는 작업에 몰두한다면 틀림없이 지치고 말 겁니다.

언제나 목표 지점을 기억하고 그곳에서 눈을 떼지 않아야 끝까지 행동할 수 있습니다. 사람을 변화시키는 힘을 가진 사람은 상대가 꼼짝도 하지 못할 때나 움직임이 둔해졌을 때, 기분이 처져 있을 때 그들의 눈을 다시 한 번 목적지로 향하게 합니다. 그리고 그 방법은 바로 "○○ 씨는 목표가 뭐라고 하셨죠?"라는 간단한 질문을 던지는 것이지요.

지금 하는 일이 힘들어 보이거나 재미를 느끼지 못하는 사람이 있다면 '무엇을 목표로 하고 있는가?'를 물어봅시다. 당신의 말 한 마디로 기운을 되찾는 사람이 있을 겁니다.

그 일을 하는 이유를 명확하게 만들자

━━━━━ 자신이 지향하는 목표 지점으로 눈을 돌리게 하는 일의 중요성은 이제 알았을 겁니다. 그런데 목적지에 눈을 두고 있지만 행동으로 옮기지 못하는 사람도 있습니다. 목적지를 바라보고 움직이는 사람과 목적지를 바라봐도 나아가지 못하는 사람에게는 어떤 차이가 있을까요?

목적지를 바라보고 있지만 움직이지 못하는 사람은 행선지는 정해져 있지만 연료가 채워지지 않은 비행기라고 볼 수 있습니다. 아무리 목적지가 명확해도 연료가 없으면 당연히 기체가 떠오르지 못하겠지요. 이때 연료, 즉 사람을 움직이는 원동력은 무엇일까요? 바로 자기 평가입니다.

자기 평가란 평소에 자기 스스로에 대해 어떻게 평가하고 있느냐를 뜻합니다. 그리고 인간의 뇌는 현실과 자기 평가 사이에 괴리가 생기면 둘을 같아지게 만들지요. 따라서 '나는 내가 정한 목적지에 도달할 수 있는 사람이다'라는 자기 평가가 없으면 아무리 목적지를 바라봐도 움직이지 못합니다. 미국 스탠퍼드대학교 연구진은 사람은 자기 가치관(중요하게 생각하는 일)을 실현할 수 있다는 사실을 깨달으면 스트레스가 줄어들고 자신감이 높아질 뿐 아니라 정신 건강이 좋아진다는 사실을 밝혀냈습니다.

그렇다면 자기 평가가 낮아서 움직이지 못하는 사람에게는 어떤 도움을 줘야 할까요? 앞에서 이야기한 것처럼 먼저 목적지로 시선을 향하게 만들어야 합니다. 그다음 '왜 그것을 지향하는가?'를 물어서 그 일을 하는 이유를 명확하게 만들어야 합니다.

- 왜 그 목표를 실현하고 싶은가?
- 왜 그 일을 하고자 하는가?

이 물음에 대한 답이 우리를 움직이는 원동력이 됩니다.

앞에서 '지하 100미터 깊이에 100억 원이 묻혀 있다'는 예시를 들었습니다. 100억 원을 손에 넣기 위해 행동하려면 한 가지 전제돼야 할 것이 있습니다. 바로 '묻혀 있는 100억 원을 손에 넣고 싶다'는 생각, 즉 땅을 파야 할 강력한 이유입니다. 만약 우리가 이미 1000조 원 정도의 자산을 가지고 있다면 굳이 100억 원을 위해서 100미터나 되는 땅을 삽으로 파지는 않을 테니까요.

그렇다면 누군가에게 해야 할 이유를 명확하게 해주고 동기를 부여해주려면 어떤 말을 해야 할까요? 이 또한 상당히 간단합니다. "당신은 왜 그걸 하고 싶습니까?"라고 직접적으로 질문만 하면 됩니다.

좋은 리더가 되고 싶다면 주변 사람들에게 '지금 무엇을 지향하고 있는가?'를 묻고 '왜 그것을 지향하는가?'를 명확하게 상기시켜줍시다.

최종 목표에서 역산해가며
작은 목표를 세우게 하라

▅▅▅▅▅ 목적지에서 눈을 떼지 않게 하는 것은 매우 중요합니다. 하지만 사람에 따라서는 지향하고 있는 곳이 너무 멀면 오히려 의욕을 잃기도 합니다. '정말로 그곳에 도달하는 게 가능할까?'를 걱정하다 보면 기분만 가라앉게 되지요.

2010년, 영국의 심리학자 리처드 와이즈먼Richard Wiseman이 수천 명을 대상으로 한 실험이 있습니다. '목표를 달성하기 위해 어떤 행동을 하고 있는가?'라는 질문을 던지고 그 행동이 목표 달성에 실제로 영향을 주는지를 따져봤습니다. 그 결과 가장 큰 영향을 준 것은 목표에 가까워질 때마다 스스로에게 줄 보상을 설정하는 것이었습니다. 목적지에 도달하기 전에 작은 목표를 몇 가지 설정하고 그 목표를 돌파할 때마다 자신에게 상을 주는 방식이 가장 효과적이었지요.

자신에게 보상을 하면 목표를 달성했다는 것을 확인할 수 있기 때문에 자기중요감이 높아집니다. 그리고 다음 목표를 향해 또 열심히 해야겠다는 의지를 만들어줍니다. 이런 과정을 계속 반복하면 자기도 모르는 사이에 최종 목적지에 도달하게 되는 것이지요.

여기서 작은 목표에 도달했을 때의 상을 당사자가 아닌 당신이 주면 어떨까요? 그러면 당신의 영향력이 커지게 됩니다. 그렇다면 어떤 상을 줘야 할까요? 바로 칭찬입니다.

상대의 최종 목표와 그 앞에 놓인 수많은 작은 목표를 파악하고 작은 목표를 성취했을 때 그 사람을 칭찬하기만 하면 됩니다. 이것이 상대방에게는 상인 셈이니까요. 이렇게 하면 상대는 자신을 관심 있게 봐주는 당신에게 안심감을 느낍니다. 또한 칭찬을 받았기 때문에 자기중요감도 올라가 다음 목표를 향해 나아갈 수 있게 됩니다.

작은 목적지가 몇 개가 됐든 상관없습니다. 중요한 것은 이 정도는 달성할 수 있을 것 같다는 생각이 들 만큼 쉬운 목표여야 한다는 사실입니다. 예를 들어 요리를 전혀 해본 적 없는 사람에게 갑자기 "갈비찜 좀 만들어줘"라고 하면 시도조차 하지 않겠지요. 하지만 일단 "감자 좀 씻어줘"라고 작은 목표를 설정해주면 상대는 '한 번 해보자'라고 생각해 행동에 옮길 겁니다.

또한 작은 목표를 스스로 정하게 하면 의지가 더욱 커집니다. 이때 상대가 무엇을 하면 좋을지 몰라 헤매고 있다면 옆에서 깨닫게 해주면 됩니다. 앞에서 이야기했듯이 사람은 스스로 깨달아야 행동합니다. 물론 작은 목표를 언제까지 달성할지 그 기한을 스스로 정하게 하는 일도 잊지 말아야 합니다.

주변에 어떤 결정을 하고서도 좀처럼 행동으로 옮기지 못하는 사람이 있다면 최종 골인 지점부터 역산해서 여러 개의 작은 목표를 만들어줍시다. 그리고 작은 목표를 이룰 때마다 칭찬이라는 상을 주는 것도 잊지 맙시다. 이 책의 여러 조언을 조합하면 주위 사람들이 놀랄 만큼 스스로 움직이고 변화할 겁니다.

제18장

역할을 만들어주면
사람이 달라진다

과제가 아닌 역할을 부여하라

▬▬▬▬▬▬ '사람을 변화시키고 싶다면 역할을 부여하라'는 말을
들어본 적 있나요? 이 말은 한 심리 실험에서 탄생했습니다. 미국
의 어떤 학교에서 수업 분위기가 좋지 않은 반에 실험을 진행했
습니다. 분위기를 흐리는 중심축이 되는 학생을 방해를 단속하는
사람으로 임명하는 실험이었지요. 놀랍게도 그 후 그 학생의 주도
로 수업 분위기가 훨씬 좋아졌다고 합니다.

사람은 역할을 부여받으면 역할을 부여해준 이익 기대와 신뢰
에 부응하기 위해 최선을 다하게 됩니다. 만약 당신이 부하 직원이
나 학생들의 행동을 변화시키고 싶다면 장황한 설교를 늘어놓거
나 인생론을 들먹이기보다는 역할을 부여해보세요. 기존에 있던
역할이든 새롭게 지어낸 역할이든 상관없습니다.

물론 잘될 때도 있고 그렇지 않을 때도 있을 겁니다. 원하는 결
과가 나오지 않았다고 당황할 필요는 없습니다. 이미 그 대응 방
법을 이 책에서 배웠으니 말입니다. 상대가 잘했을 때는 감정을
담아서 반응하고 사람들 앞에서 칭찬을 해서 자기중요감을 높여
주세요. 반대로 잘 풀리지 않을 때는 앞서 살펴본 것처럼 칭찬하

기 → 조언하기 → 칭찬하기라는 샌드위치 방식으로 대응하거나 답을 스스로 깨닫게 만들어주면 됩니다.

정기적으로 의견을 발표할 자리를 마련하라

━━━━━ 역할 부여 말고 또 어떤 방법이 있을까요? 발표시키기 역시 사람을 바꾸는 가장 효과적인 방법 중 하나입니다. 그렇다면 무엇을 발표시킬까요? 가장 쉬운 방법은 어떤 성과를 올렸을 때 그 방법을 발표시키는 겁니다.

이때 성과가 반드시 거창할 필요는 없습니다. 아무리 사소한 일이어도 상관없습니다. '손님에게 고맙다는 말을 들었다', '기한 안에 어려운 과제를 해결했다', '지난달보다 영업을 통해 성사시킨 계약 건수가 늘었다', '재고를 잘 정리했다' 등 누구에게서나 쉽게 찾을 수 있지요.

스스로 성과를 발표하게 하면 우선 그 자체로 '이번에 내가 한 일이 잘한 일이구나'를 인식하게 됩니다. 그리고 앞으로도 그 행동을 계속하게 됩니다. 나아가 발표를 하기 위해 자신의 모습을 돌아보고 정리하면서 지금까지 일해온 과정에서 개선할 점, 앞으로 달성할 과제 등도 생각해보게 됩니다.

'당신이 성과를 올린 방법을 다른 사람이 참고할 수 있도록 앞으로 나와 발표했으면 좋겠다'고 부탁해보세요. 상대방의 자기중요감이 높아질 겁니다. 또한 그 발표를 듣는 사람들도 의지를 키울 수 있습니다. 저렇게 사소한 성과도 칭찬받을 수 있다는 사실을 깨닫고 '나도 이런 대우를 받고 싶다!'고 느끼게 되는 겁니다. 그 집단 전체가 변화하는 계기가 되겠지요.

아무리 생각해봐도 발표할 성과가 없으면 어떻게 하느냐고요? 성과를 올리지 못한 사람에게도 발표의 기회를 줄 수 있습니다. 그가 속한 집단의 개선점이나 극복 과제 등을 찾아서 대응책을 이야기하라고 하면 됩니다. 그 과정에서 커뮤니티 전체의 문제에 대해 생각하며 주인 의식을 가지게 되고 현재 조직이 처한 상황을 절실하게 체감하게 되겠지요. 즉, 이대로는 안 된다는 사실을 스스로 깨닫는 겁니다.

발표를 반드시 많은 사람 앞에서 할 필요는 없습니다. 상대방과 일대일로 면담을 해서 앞으로 어떻게 해나가고 싶은지, 무엇을 하고 싶은지를 스스로 말하게 하는 것만으로도 충분합니다. 사람은 말하면서 생각을 정리하는 습성이 있습니다. 그 과정에서 자신의 문제점과 해결책을 깨닫고 아이디어를 행동으로 옮기는 경우가 많지요.

"어떻게 하면 좋을까요?"라는 질문을 받으면 "어떻게 하면 좋을 것 같아요?"라고 되물어서 의견을 발표하게 합시다. 아무리 당신에게 조언을 구하러 왔더라도 잘 들여다보면 질문하는 사람이 이미 어떻게 해야 할지를 알고 있는 경우가 많습니다. 스스로 깨닫는 일의 중요성에 대해서는 당신도 잘 알고 있을 겁니다. 발표시키기의 목적도 바로 거기에 있습니다.

롤 모델과 친해지게 만들어라

당신이 고등학교 야구부의 감독이라고 가정해봅시다. 소속 선수 중 재능은 있는데 연습을 게을리하는 바람에 늘 벤치에만 앉아 있는 학생이 있습니다. 그 학생은 스스로 나름대로 노력하고 있다고 생각해 '이렇게 열심히 하는데 왜 시합에 못 나가게 하는 거야?' 하며 당신에게 불만을 품고 있습니다. 하지만 당신은 그 학생이 다른 주전 선수들과 비교하면 진심으로 노력하지 않는다는 사실을 알고 있습니다. 이럴 때 어떻게 하면 이 학생에게 깨달음을 줄 수 있을까요?

일단 가장 하지 말아야 할 행동은 "겨우 그 정도로 노력하고 있다고 생각하니?"라며 일방적으로 그 학생을 부정하거나 헐뜯는 일입니다. 물론 각자의 기질에 따라 이렇게 고통을 주면 '두고 봐라!' 하고 이를 악물고 노력하는 사람도 있을 겁니다. 하지만 대부분은 그런 말을 들으면 자기중요감에 상처만 입을 뿐입니다.

그렇다면 이 학생에게 '내가 하는 건 노력 축에도 들지 못했구나. 나보다 훨씬 더 열심히 하는 친구들도 있었어. 그래서 내가 만년 후보인 거야. 이대로는 안 되겠다!' 하고 깨닫게 하는 방법은 과연 무엇일까요? 바로 롤 모델과 함께 행동하게 하는 겁니다. 열심히 하는 주전 선수와 함께하도록 만들면 되겠지요.

인간의 기본 심리를 들여다보면 타인이 간섭하면 그것이 아무리 옳은 말이어도 자신을 지키고 싶어지고 행동을 정당화하려 하게 돼 있습니다. 하지만 본보기로 삼을 만한 상대와 함께 생활하면 자신의 부족한 부분, 자신이 착각하고 있는 부분을 스스로 깨닫게 됩니다. 그리고 지금까지의 자기 모습을 부끄럽게 느끼고 빨리 수정하려고 하지요. '지금의 나도 충분히 훌륭하다고 생각했지만 사실은 전혀 그렇지 않았다. 이 사실을 다른 사람이 눈치채기전에 고치자', '다른 사람들이 저 녀석은 아무것도 모르면서 잘난척만 하고 있었다고 흉을 보기 전에 바로잡자'라고 생각하는 겁니다. 자기중요감이 상처를 입기 전에 문제점을 고치려는 마음은 자신을 바꾸는 힘의 원동력이 될 수 있습니다.

롤 모델이 될 만한 사람과 함께 행동하게 하면 그 사람의 기준도 달라집니다. 자신의 기준으로는 노력하고 있다고 생각했더라도 주전 선수들과 같이 연습하면서 그 노력이 자기만족일 뿐이었다는 사실을 깨닫는 것이지요.

그런데 롤 모델과 함께 행동하게 하는 방법으로 사람을 변화시킬 때 지켜야 할 점이 있습니다. 바로 롤 모델이 아닌 사람과 어울리지 못하게 하는 겁니다. 현실적으로는 불가능하겠지만 롤 모델이외의 사람과 어울리면서 '다른 사람들은 이 정도로 하는 걸 보니 전체적으로 봤을 때 나는 노력하는 수준에 속한 것 같다'고 자신을 합리화하게 만들어서는 안 됩니다. 비록 다른 사람들과 어울리지 못하도록 강제할 수는 없더라도 변화시키고 싶은 사람에게는 미리 주위 사람들 이야기에 휘둘리지 말라고 언질해둘 필요가 있습니다.

당신 주위에 있는 누구와 누구를 함께 행동하게 하면 크게 변화할까요? 그 조합을 생각해봅시다.

제19장

운이 좋다고 말해야
운이 좋아진다

'하면 된다'는 생각의 기적

═══════ '내가 할 수 있을까?', '내가 할 수 있을 리 없지' 같은 부정적인 생각은 사람을 변화시키는 데 있어 가장 큰 적입니다. 반대로 '나는 하면 되는 사람이다'라는 생각을 상대방에게 자연스럽게 심어줄 수 있다면 의욕적으로 움직이는 사람이 주변에 많아지게 되지요.

어떻게 하면 상대방에게 '나도 할 수 있다'는 생각을 하게 만들 수 있을까요? 다양한 방법을 한 번 생각해봅시다.

> *Q.* '내가 할 수 있을 리 없지'라고 생각하는 사람에게
> '나는 할 수 있다!'라는 마음이 들게 하려면 어떻게 해야 할까요?

_____

_____

_____

_____

_____

다양한 답변이 나왔겠군요. 그중 가장 효과적인 방법은 바로 '자기효능감'을 높여주는 겁니다. 자기효능감이란 '나도 할 수 있다'고 믿는 힘을 말합니다.

예를 들어 평상시에 공부를 하지 않는 아이가 어쩌다 시험 전에 공부를 해서 좋은 성적을 올렸다고 해봅시다. 그래서 선생님과 부모님께 칭찬을 받았습니다. 이 일을 통해 아이는 '공부를 하면 나도 좋은 점수를 받을 수 있구나' 하고 깨달았을 겁니다. 이것이 자기효능감을 높이는 일입니다.

그렇다면 상대의 자기효능감을 높이는 대화법은 무엇일까요? 간단합니다. 상대가 잘한 일을 칭찬하기만 하면 됩니다. 칭찬을 받아 성취감이 쌓이면 자기효능감이 높아집니다.

당신이 회사에서 수십억 원 규모의 큰 계약을 따냈다고 가정해봅시다. 이때 당신이 느끼는 자기효능감을 100이라고 칠 겁니다. 만약 이런 계약을 또 달성하지 못하면 자기효능감이 더 이상 높아지지 않을까요?

그렇지 않습니다. '이번 달 결재 서류를 빨리 제출하라'는 지시를 받아서 그대로 실행에 옮겼는데 상사에게 "오, 벌써 제출했네요? 빠르군요! 고마워요!"라고 칭찬을 받는 정도로도 자기효능감은 높아집니다. 물론 수십억 원 규모의 계약에 비교하면 이 경험에서 얻는 자기효능감은 1 혹은 소수점 이하의 수준일지도 모릅니다. 하지만 이런 사소한 일을 통해 자기효능감을 높인 경험이 쌓이면 언젠가는 총합이 100을 넘는 날이 올 겁니다.

인생에서 갑자기 자기효능감이 껑충 뛰어오를 기회는 좀처럼 찾아오지 않습니다. 그렇기 때문에 작은 일 하나하나로 자기효능감 점수를 쌓는 일이 중요합니다.

최근 칭찬을 받았던 일들을 모두 떠올려봅시다. 이렇게 하면 함께하는 사람의 사소한 성과를 포착하는 칭찬 안테나가 민감해집니다.

일어난 일에 대해 긍정적인 방향으로
해석하도록 유도하라

▰▰▰▰▰▰▰ 자신을 변화시키려고 노력하고 있지만 일이 잘 풀리지 않아 어깨가 축 처진 사람을 만나면 어떻게 해야 할까요? 다음 질문을 상대방에게 던져봅시다.

> "이번 일을 하면서 운이 좋았다고 생각하는 부분이 있다면 어떤 부분인가요?"

이걸로 충분합니다. 상대가 벽에 부딪혀 기운이 빠져 있다면 당신이 해야 할 일은 꼼짝도 하지 못하는 상대를 다시 움직이게 하는 겁니다.

상대방이 앞으로 나아가지 못하는 이유는 무엇일까요? 지금 일어나고 있는 일이 자신에게 불리한 상황이라고 생각하고 있어서입니다. 그렇다면 지금 일어나고 있는 일을 좋은 일로 바꿔주면 되겠지요.

심리학자 리처드 와이즈먼은 가게 입구에 5달러짜리 지폐를 떨어트려 놓고 이를 발견하는 사람과 발견하지 못하는 사람에게 어떤 차이가 있는지를 알아보는 실험을 진행했습니다. 그 결과 5달러짜리 지폐가 떨어져 있다는 걸 알아차리는 사람은 공통적으로 평소에 자신을 운이 좋은 사람이라고 생각하는 경향이 있다는 사실을 알게 됐습니다. 반면 돈을 발견하지 못한 사람은 '나는 사고를 잘 당한다', '나는 항상 실패만 한다' 등 스스로 운이 나쁜 사람이라고 생각한다는 공통점이 있었습니다.

누군가 좌절하고 있을 때는 일단 부정적인 생각은 멈추고 긍정적인 방향으로 눈을 돌리게 해야 합니다. '이 일은 행운이다'라고 생각하게 만들어주기만 하면 상대는 당신 덕에 벽을 돌파할 수 있었다고 믿을 겁니다.

물론 지금 이 대목을 읽으며 무엇이 운이 좋았는지 질문해봤자 실의에 빠진 상대에게서 제대로 된 대답이 돌아올 리 없다고 의심하고 있을지도 모릅니다. 하지만 이런 걱정은 하지 않아도 됩니다. 인간이 대화할 때 가장 불편해하는 것은 침묵이기 때문입니다. 일단 무언가를 물으면 대화에서 일어난 공백을 채우기 위해 상대의 뇌는 질문에 대한 답을 필사적으로 찾습니다.

"이번 일을 하면서 운이 좋았다고 생각하는 부분이 있다면 어떤 부분인가요?"라는 질문을 던지세요. 그 순간 공은 상대방에게 넘어가게 됩니다. 그러면 상대방의 뇌는 '내가 발언하지 않으면 침묵이 이어져서 어색해진다. 큰일이다. 빨리 답을 생각해야 한다' 하며 어떻게든 대답할 거리를 생각해내게 됩니다. 그리고 어쩔 수 없이 내린 답이라 할지라도 자신이 이야기한 답에 스스로 '이렇게 생각할 수도 있구나' 하는 사실을 깨닫지요. 나아가 긍정적인 방향으로 눈을 돌리는 방법까지도 배우게 됩니다.

예를 들어 당신이 혼자 여행을 하고 있다고 가정해봅시다. 어떤 착오가 발생해 숙소에 예약이 누락돼 있었습니다. 게다가 하필 그 날따라 만실이어서 하룻밤 머물 곳이 없게 됐습니다. 이런 상황에 놓이게 된다면 스스로 '이번 일에서 운이 좋았던 부분이 있다면 어떤 부분일까?'라는 질문을 해보세요. 당신의 뇌는 억지로라도 운이 좋았다고 생각할 만한 부분을 찾아줄 겁니다.

우리의 뇌는 성능이 매우 뛰어나기 때문에 아무리 복잡한 상황에서도 지금 나에게 무엇이 중요한 정보인지를 찾을 수 있습니다. 저라면 '여행에서 돌아왔을 때 사람들에게 들려줄 이야깃거리가 생겼다'라고 생각할 겁니다.

이런 운 나빠 보이는 이야기를 하는 상대를 만나면 질문을 던져봅시다. 상대방이 "운이 좋은 부분 같은 건 없어요"라고 답한다고 하더라도 상관없습니다. 그래도 운이 좋은 부분이 있었다고 가정을 해보자며 한 번 더 질문하면 상대는 틀림없이 행운에 초점을 맞춘 답을 할 겁니다.

끝까지 그런 것이 없다고 한다면 상대의 마음이 아직 정리되지 않았다는 뜻입니다. 어쩌면 당신에게 이야기를 끝까지 들어주려는 자세가 부족했을지도 모릅니다. 조급해하지 말고 일단은 이야기를 경청해보세요.

제20장

원하는 결과를 얻는
두 가지 기술

대화를 통해 상대방을 어떻게 변화시킬지 미리 상상하라

━━━━━ 우리는 왜 사람의 마음을 움직이는 영향력을 손에 넣고자 하는 걸까요? 영향력을 얻어서 어떤 일에 활용하려고 하는 걸까요? 모두들 나름의 이유와 상황이 있을 겁니다. 어찌 됐든 당신 덕분에 상대가 움직이고 변화하고 꿈을 실현하게 되면 당신은 최고의 결과를 얻는 겁니다. 이를 위해 마지막으로 가장 중요한 것 두 가지를 알려주려고 합니다.

첫 번째는 바로 골인 지점의 이미지를 먼저 그리는 겁니다. 이것을 하지 않으면 이 책에서 전달한 여러 가지 스킬을 어느 타이밍에 활용하면 좋을지에 대한 판단이 서지 않을 겁니다.

예를 들어 '고통과 쾌락을 동시에 준다'에서 이야기한 '남편에게 아이 앞에서 담배를 피우지 못하게 한다'는 목적을 가지고 있었던 대화 사례를 떠올려보세요. 여기서 우리가 재빨리 해야 할 일은 대화의 골인 지점을 그리는 일입니다. 이 대화에서는 남편 스스로 '아이의 건강을 위해 아이 앞에서는 담배를 피우지 말아야겠다!'라고 깨닫는 것이 골인 지점입니다. 우리가 스스로 깨달은

교훈은 기억에 잘 남을 뿐만 아니라 더 쉽게 실천하게 되지요.

골인 지점의 이미지를 먼저 그리면 그 목표에 다가가기 위해 어떤 대화 스킬을 활용할지 판단할 수 있습니다. 반대로 아무리 화려한 커뮤니케이션 스킬을 가지고 있더라도 대화의 목적지가 정해져 있지 않으면 어떤 방법을 활용해야 할지 판단이 서지 않겠지요. 그러니 일단 대화를 통해 상대가 어떻게 되기를 바라는가부터 정해보기 바랍니다.

'나는 당신 편이다'라는 사실을 직접 말하라

━━━━━━ 이쯤 되면 이 책에서 지금까지 소개한 내용 가운데 몇 가지를 이미 실천한 사람도 있을지 모르겠습니다. 그 과정에서 커다란 변화를 느끼는 경우가 있는가 하면 그다지 반응을 얻지 못할 때도 있었겠지요. 만약 이 책을 여기까지 쭉 읽어온 사람이라면 '뭐부터 먼저 시험해볼까?' 하며 설레는 마음을 안고 있을지도 모릅니다.

마지막으로 그런 당신이 절대로 잊어서는 안 되는 가장 중요한 포인트를 전달하려고 합니다. 그것은 바로 주변 사람들에게 '나는 당신 편이다'라는 사실을 확실하게 인식시키는 겁니다. '태도로 보여주고 있으니까 괜찮다' 혹은 '상대방도 알고 있을 것이다'라는 생각만으로는 부족합니다. 분명하게 "나는 당신 편이니까 안심하세요"라고 말로 전해야 합니다.

모든 인류를 구한다는 것은 애초에 불가능할지도 모릅니다. 하지만 적어도 자신이 좋아하는 사람이나 자신을 믿어주는 사람의 편이 돼주는 일은 할 수 있지 않을까요? 지금 이 순간 그렇게 느끼고 있다면 그 사실을 주변 사람들에게 명확하게 전달해야 합니다. 그것이 그들의 안심감을 충족시켜주는 최고의 방법이니까요.

만약 당신 주위에 이런 말을 해주는 사람들이 가득하다면 어떨까요? 안심감과 함께 큰 행복을 느낄 수 있을 겁니다. 이런 말을 해본 사람만 알 수 있는 사실이지만 화자 역시 안심감과 행복을 얻을 수 있습니다.

사람의 마음을 움직이는 영향력, 사람을 변화시키는 힘이란 단순히 내 사람을 마음대로 움직이는 힘이 아닙니다. 주변 사람들과 함께 행복하게 살아가기 위한 힘이지요. 당신 주변의 모든 사람에게 "나는 당신 편입니다"라고 분명하게 말로 전달하기 바랍니다.

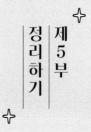

- 일단 상대의 인격과 존재를 칭찬하라.

- 자신의 약한 부분을 숨기지 마라.

- 고민하는 사람에게는 "목표가 뭐라고 했지요?"라고 물어본다.

- 그 일을 하는 이유를 상기시킨다.

- 작은 목표를 명확하게 만들어주고 목표를 달성할 때마다 끊임없이

  칭찬한다.

- 역할을 부여하고 자신의 행동을 발표하게 만든다.

- 롤 모델과 함께 행동하게 한다.

- 골인 지점을 그린다.

- "나는 당신 편입니다"라고 전한다.

우연으로 시작된 인생의 터닝 포인트

2002년 4월, 저는 제 인생에 커다란 영향을 준 책 한 권을 읽었습니다. 세계적인 명작으로 손꼽히는 데일 카네기_{Dale Carnegie}의 《인간관계론》입니다.

사실 저는 초등학교 6학년 생활기록부에 '협동심이 없다', '차분하지 못하다', '자기중심적이다'라는 부정적인 말만 가득할 정도로 부족한 점이 많은 사람이었습니다. 그런 제가 대학교 1학년 때 사람들에게 무언가를 가르치는 게 좋고, 사람들 눈에 띄고 싶다는 생각에 입시 학원 강사로 아르바이트를 하게 됐습니다.

기왕 할 거면 공부를 싫어하는 학생들에게 조금이라도 더 도움이 되고 싶었습니다. 그래서 그들의 의욕을 북돋아줄 방법이 없는지 알아보기 위해 서점에 갔다가 우연히 《인간관계론》을 읽었습니다.

당시 저는 벼락을 맞은 것처럼 큰 충격을 받았습니다. 그 책에서 말하는 사람의 마음을 움직이는 대화법에 관한 이야기가 제가 살아왔던 세계와는 차원이 다른 것이었기 때문입니다.

저는 곧바로 그 책에 나온 내용을 학원 수업 시간에 적용해봤습니다. 그런데 잘 통하는 방법이 있는가 하면 전혀 효과를 보이지 않는 것도 있었습니다. 지금 생각하면 제가 그 책의 내용을 충분히 이해하지 못했던 것이 실패의 원인 가운데 하나였던 것 같습니다. 그 내용이 심리학이나 뇌과학 같은 과학적인 근거가 아니라 저자의 경험에서 비롯된 것이다 보니 저에게 맞지 않는 패턴이 있었던 듯합니다.

물론 즉각적인 효과가 나타나는 방법도 있었습니다. 책에 나온 내용을 실천한 것뿐인데 주위 사람들과의 관계가 개선되고 사람들이 내 생각대로 움직여줘서 묘한 뿌듯함을 느끼기도 했습니다. 그런 경험을 하면서 실생활에서 적용할 만한 패턴을 매일같이 연구했습니다.

그 연구는 사회인이 돼 영업직 일을 시작한 뒤로도 이어졌습니다. 저는 평상시에 영업 활동을 하면서 데이터를 축적하고 이것들을 나름대로 분석하면서 사람을 움직이는 대화 법칙을 발견했습니다. 동시에 심리학과 뇌과학 공부도 했는데 그 덕분에 이 법칙을 과학적으로 뒷받침해줄 근거도 축적할 수 있었습니다. 그 내용을 집대성한 것이 바로 이 책입니다.

사실 저는 《인간관계론》에 나온 대로 했다가 실패를 한 경험이 있습니다. 사회인이 된 지 3년째 되던 해에 업무상 트러블이 생겨서 거래처에 사과하러 간 적이 있습니다. 저는 책에 '사과는 이렇게 하면 된다'고 나와 있어 그 내용을 그대로 따라 했습니다. 그런데 거래처 사람은 제 사과에 '진심이 전혀 안 담겨 있다'며 크게 화를 냈고 그 후로 저를 상대도 해주지 않았습니다. 이때 이런 생각이 강하게 들었습니다. '다른 사람의 노하우를 곧이곧대로 받아들이면 안 된다. 과학적인 근거가 필요하다.'

과연 전달 방법만 바꾸면 인생이 생각대로 풀릴까요? 답은 물론 '예스'입니다. 자기 생각, 바람, 상대방이 그만두기를 바라는 것,

상대방에게 감사하고 있는 것, 사랑하는 마음 등은 모두 말로 표현하지 않으면 전달되지 않습니다.

하지만 말로 표현하기만 하면 진심이 모두 전달된다는 보장은 없습니다. 오해를 사서 '그런 뜻으로 한 말이 아닌데…' 하며 난처한 상황에 놓이는 경우도 있을 겁니다. 전달 방법 하나만 달리했을 뿐인데 인생이 마음먹은 대로 풀리기도 하고 생각지도 못한 트러블이 생기기도 합니다. 그래서 이 책을 통해 저는 단순히 '이런 식으로 말하면 좋다'라는 수준이 아니라 심리학과 뇌과학 같은 과학적인 근거에 바탕을 둔 사람을 움직이는 대화 방법을 전해야겠다고 생각했습니다.

이 책이 용기를 내서 내 마음을 전달하고 무언가를 이루고 꿈과 목표를 달성하고 누군가에게 내가 아는 것을 가르쳐주기를 바랍니다. 또한 지금까지와는 다른 내가 되고 평소에 느끼는 감사의 마음을 전달하고 사랑을 고백하고 싶은 모든 분의 버팀목이 될 수 있다면 진심으로 기쁠 것 같습니다.

저는 경영자들에게 이 책에서 소개한 방법을 마스터하게 했습니다. 그들 중 91.3퍼센트가 아무것도 없는 상태에서 창업해 한 달 수입을 6개월 안에 1000만 원 이상으로 끌어올렸습니다. 이처럼 말하는 방식만 바꿔도 사람은 놀라울 정도로 활발하게 움직이기 시작합니다. 당신이 말을 어떻게 하느냐에 따라 상대는 없었던 마음이 생기기도 하고 의욕이 샘솟기도 하며 당신을 신뢰하게 되기도 합니다.

마지막으로 이 책을 출판하는 데 도움을 주신 담당 편집자 이토 나오키 씨를 비롯한 출판사 여러분, 편집에 도움을 주신 나카니시 요우 씨께 감사드립니다. 또 저를 세상에 알릴 수 있었던 것은 거슬러 올라가면 대학생 시절에 입시 학원에서 제가 가르쳤던 학생들, 회사원 시절에 함께 일한 모든 동료들, 지금까지 저에게 상담하러 와주신 고객들, 강연회와 공부 모임에 참가해주신 분들 그리고 그 관계자 여러분이 도움을 주신 덕분입니다. 모든 분들께 다시 한 번 진심으로 감사드립니다.

그리고 이 책을 끝까지 읽어주신 독자 여러분, 당신은 어쩌면 지금 무언가를 고민하고 있을지 모릅니다. '회사에 가기 싫다', '상사와 성격이 안 맞는다', '부하 직원이 말을 안 듣는다', '부부관계가 원만하지 않다', '육아 때문에 힘이 든다', '인간관계로 더 이상 고민하고 싶지 않다' 등 지금까지 많이 힘들었을 겁니다. 여태껏 정말 잘 버텨왔습니다.

이제 사람들의 마음을 움직이고 원하는 것을 얻는 대화법을 배우고 연습하는 여행도 이제 슬슬 끝이 나려고 하고 있습니다. 실천만이 남았습니다. 당신이 현실에 발버둥 치면서도 무언가를 개선하기 위한 실마리를 모색한다면 언젠가는 보상을 받을 겁니다. 누구도 당신이 행복해질 권리를 빼앗을 수 없습니다.

어쩌면 당신이 이 책을 만난 것은 우연일지도 모릅니다. 하지만 우리의 인생이 바뀔 때는 아주 사소한 일이 계기가 되기도 합니다. 저는 이 사소한 우연이야말로 당신의 미래를 크게 바꾸는 터닝 포인트가 될 거라고 확신합니다.

앞으로도 당신의 인생을 응원하겠습니다.

오늘부터 함께 다시 태어납시다.

호시 와타루

옮긴이 **김지윤**

가톨릭대학교 철학과 및 일본어과를 졸업하고 세이신여자대학교에서 교환 유학 후 와세다대학
교 대학원 일본어교육학과에서 공부한 뒤 글밥아카데미를 수료하고 바른번역 소속 번역가로
활동했다. 우연히 알게 된 번역의 매력에 푹 빠져 이제는 매일 번역과 함께하는 삶을 살고 있다.
옮긴 책으로는 《혼자가 되어야만 얻을 수 있는 것》, 《무기력에서 무를 빼는 가장 쉬운 방법》,
《혼자이고 싶지만 호구는 싫어》, 《운을 부르는 부자의 말투》, 《민감한 나로 사는 법》 등이 있다.

입만 열면 손해 보는 사람들을 위한 대화책

1판 1쇄 인쇄 2021년 7월 23일
1판 1쇄 발행 2021년 8월 10일

지은이 호시 와타루
옮긴이 김지윤
발행인 오영진 김진갑
발행처 토네이도

책임편집 진송이
기획편집 박수진 박민희 박은화
디자인팀 안윤민 김현주
표지 및 본문 디자인 유니드
마케팅 박시현 박준서 김예은
경영지원 이혜선 임지우

출판등록 2006년 1월 11일 제313-2006-15호
주소 서울시 마포구 월드컵북로5가길 12 서교빌딩 2층
독자 문의 midnightbookstore@naver.com
전화 02-332-3310 팩스 02-332-7741
블로그 blog.naver.com/midnightbookstore
페이스북 www.facebook.com/tornadobook

ISBN 979-11-5851-222-4 03190